KB270194

아빠를 팝니다

아빠를 팝니다

한스 위르겐 게에제 지음 | 우상수 옮김

비전코리아

CONTENTS

내가 포르노를 본다구요?

"여보, 샘이 요즘 무슨 책 읽고 있는지 아세요?"

코라는 평소와 다름없이 밤늦게 퇴근한 남편을 현관에서 맞으면서 불쑥 물었다. 디노는 도대체 뭐가 급해서 넥타이도 풀지 않았는데 그런 말을 급하게 서둘러 묻는지 알 수 없었다. 디노는 아내에게 무슨 꿍꿍이속이 있는지 속으로 재보면서 생각했다. 하긴 만날 밤늦게 퇴근해서 애들에게 인사 한 마디도 건넬 여유조차 없는 그가 샘이 요즘 무슨 책을 읽는지 알 리가 있겠는가. 이제껏 디노는 아내로부터 애들에게 너무 관심이 없어서 빵점 아빠라는 말을 귀에 못이 박힐 정도로 들어왔다. 그래서 오늘만큼은 그런 핀잔을 듣고 싶지 않아서 머뭇거리며 말했다.

"알지, 그럼……."

그 말에 코라는 웬일이냐 싶은 듯 표정이 바뀌었고 그 순간 디노는 코라가 지금 무슨 말을 하고 싶어 하는지 재빨리 머리를 굴렸다.

'책이라면? 그렇지.'

더 이상 긴 설명이 필요 없다. 사춘기 애들이 어른 몰래 훔쳐보는 책들이란 빤하지 않은가. 코라가 샘이 요즘 읽는 책을 발견하고 토기 눈을 떴다면 남편에게 호들갑을 떨 이유는 충분했다. 아내의 입에서 다음 나올 말이란 '그런 일은 아빠가 나설 일이잖아요' 짐작은 빤했다.

디노는 아내의 표정을 보고 샘이 〈플레이보이〉나 〈선데이 모델〉 그런 정도의 성인용 도색잡지에 빠져 있는 것이라는 확신이 섰다. 그러나 짐작은 빗나갔다.

"여보! 샘이 요즘 통 말이 없어요. 당신이 은근슬쩍 책 얘기 꺼내면서 한번 말 좀 붙여보세요."

디노는 예감이 빗나가자 다소 실망하며 말했다.

"당신이 낮에 말을 붙여보지 못했군?"

"아빠가 말하는 거 하고 엄마가 말하는 거 하고 같아

요? 당신은 그 애 아빠니까 이제 아빠 노릇 좀 해보세요."

디노는 코라가 걸핏하면 '당신이 그 애 아빠니까'라고 할 때마다 기분이 썩 좋지 않았다. 그 말은 자기 아들이 있는지 없는지조차 깨닫지 못하고 사는 형편없는 아버지처럼 느껴져 모욕적으로 들렸기 때문이다. 대체 이 세상에 자기 자식에게 무관심한 아빠가 어디 있겠는가.

사실 샘은 디노와 붕어빵을 찍어냈다고 할 만큼 아버지를 쏙 빼닮았다. 특히 얼굴 중에서 턱과 코는 아빠를 고스란히 옮겨 놓은 것처럼 완벽히 닮았다. 굳이 차이가 있다면 디노가 머리칼이 빠져서 썰렁하다는 점뿐이다. 몇 해 전부터 빠지기 시작한 디노의 머리칼은 최근 들어 부쩍 심해져서 지금은 거의 대머리에 가까울 정도로 반질거린다. 그나마 주변머리가 길게 자란 덕분에 완벽한 대머리를 모면할 수 있었다.

디노는 길게 자란 몇 가닥의 주변머리를 정성스럽게 위쪽으로 빗어 올려 머리의 허전한 부분을 가려왔지만, 시간이 지나면 언제 흘러내렸는지 모르게 버드나무 줄기처럼 길게 늘어졌다.

"아빠 노릇이란 게 꼭 얘기를 해야 하나?"

"그럼, 당신은 샘이 그런 책을 읽어도 그냥 놔둘 셈이에요?"

순간 디노는 짐작이 맞아떨어졌다는 생각에 눈을 번뜩이며 말했다.

"그래서 샘이 못 읽을 책이라도 읽는단 말이오?"

"그러니까 샘이 왜 그런 책을 읽는지 알아보란 말이에요!"

코라는 디노의 기분은 아랑곳하지 않고 아빠로서의 책임과 의무를 환기시켰다.

"알았어, 알았다고. 하지만 오늘은 너무 늦었으니까 내일 얘기하지."

"좋을 대로 하세요."

코라는 더 이상 남편을 다그치고 싶지 않았다.

"겨우 열네 살짜리가 벌써 성인용 책을 좋아하다니, 이해가 안 가요. 그 나이에는 고전문학을 많이 읽어야 될 때잖아요? 그런 책은 나중에 커서 실컷 볼 수 있을 텐데, 왜 벌써부터 그런 책만 밝히는지 도대체 알 수가 없다고요."

아내의 진지한 말에 디노는 고개를 끄덕였다.

"맞는 말이지. 하지만 사춘기에는 하지 말라는 것만 골라서 하고 싶잖아. 내일 진지하게 얘기해볼 테니까, 너무 신경 쓰지 말라고."

코라는 시큰둥해서는 아무 대답 없이 거실로 가서 텔레비전을 켜더니, 소파에 기대어 앉아 담요를 무릎 위로 잡아당겼다. 텔레비전에서는 〈멋진 정원〉이라는 프로그램에서 앵커가 직접 정원수를 옮겨 심는 방법을 소개하고 있었다.

코라는 그렇지 않아도 요즘 지나는 사람들마다 정원 안쪽을 들여다보는 바람에 울타리 쪽으로 나무를 옮겨 심으면 어떨까 생각 중이었다. 마침 텔레비전에서 그 방법을 소개하자 코라는 넋을 놓고 텔레비전 화면을 쳐다보았던 것이다.

디노는 아내가 앞으로 30분 정도는 앉은 자리에서 꼼짝도 하지 않으리라는 것과 더 이상 자신에게 신경을 쓰지 않으리라는 것을 알고 있었다. 디노는 그런 아내를 향해 한심하다는 표정을 짓다가 갑자기 무슨 생각이라도 난 듯 자리에서 일어나 걸음을 옮겼다.

그렇게 발자국 소리를 내지 않으려고 최대한 조심하면서 문 앞에 다다랐을 때쯤, 삐걱거리는 문소리에 디노는 아내가 있는 쪽으로 재빨리 고개를 돌렸다. 그러나 아내는 아직 아무런 소리도 듣지 못한 것 같았다.

디노는 작은 복도를 미끄러지듯 잽싸게 걸어, 샘의 방 앞에 도착해 방문을 두드렸다. 방 안에서는 아무런 인기척이 없었다. 조심스럽게 손잡이를 돌려서 문을 살짝 밀고 문틈을 통해 방 안의 동정을 살펴보았다.

샘은 깊은 잠에 빠져 있는 게 틀림없었다. 방 안은 커튼으로 창문을 가려서인지 한 발짝 앞도 볼 수 없을 정도로 어두웠다. 방문을 약간 더 밀치자 복도의 빛이 방 안으로 스르르 빨려들었다. 샘은 깊은 잠에 빠졌는지 이름을 불러도 아무런 대답이 없다.

'어디에 책을 감췄을까?'

성인용 책을 찾기가 그리 만만치가 않았다. 먼저 침대 밑에 있는 서랍을 조심스럽게 잡아당겼다. 샘이 어릴 때부터 중요한 물건들을 숨겨놓는 곳이었다. 그러나 붙박이 벽장 안까지 뒤져 보았지만 책은 보이지 않고 온갖 잡

동사니들만 있었다.

이번에는 책장 두 개에 가득 꽂혀 있는 책들을 하나씩 살펴보았다. 결과는 역시 마찬가지였다. 그래서 하는 수 없이 침대 머리맡에 놓여 있는 샘의 가방을 뒤져보았다. 역시 성인용 책은 보이지 않았다. 책이 있을 만한 곳을 모두 뒤져도 나오지 않자, 디노는 약간 상기된 채 다시 방 안을 둘러보았다. 괜히 갑자기 심장 박동이 빨라지고 얼굴이 붉어지면서 아무런 생각도 나지 않았다.

'잠자기 전에 분명히 봤을 텐데.'

디노는 샘이 어렸을 때 밤늦게까지 램프를 켜고 이불 속에서 몰래 책을 읽었던 것을 떠올렸다. 그때는 《보물섬》이라는 책에 빠져 있었지만 지금은 상황이 다르다. 그는 숨을 한번 크게 들이켜고는 샘이 누워 있는 침대로 향한 뒤, 침대 위를 조심스럽게 더듬었다.

손을 휘저어도 책으로 여겨질 만큼 딱딱한 감촉은 느껴지지 않았다. 그는 다시 한 번 숨을 크게 들이켰다. 샘이 무슨 책에 빠져 있는지 알아내지 못한다면 아내에게 뭐라고 변명해야 할지 벌써부터 막막했다.

그때 문득 샘의 책상이 눈에 들어왔다. 책상 위에는

10권 정도의 책이 벽 쪽으로 쌓여 있었는데 책상과 거리가 가깝지는 않았지만 예전에 본 적이 없는 책이라는 것을 한눈에 알 수 있었다. 얼핏 보기에 청소년용 같지는 않았다.

순간 긴장감에 사로잡힌 디노는 책상 앞으로 다가갔다. 그리고는 눈에 띄는 책 한 권을 집어 들고 문틈으로 새어 들어오는 불빛에 책을 비춰보았다.

"《최고 경영자를 위한 마케팅 전략》?"

그는 책의 제목을 읽어보고는 재빨리 다음 책을 집어 들었다.

"《성공적인 경영인이 되는 길》?"

책상 위에 놓인 책들을 하나하나 불빛에 비춰 보았다.

《부자 되기 위한 일곱 가지 규칙》
《나는 치열한 경쟁에서 이렇게 살아남았다》
《성공을 향한 황금의 지혜》
《자신을 거인으로 만드는 방법》
《부와 행운을 일 년 안에 거머쥐는 법》
《직장에서 성공하고 싶은 사람들을 위한 모든 것》

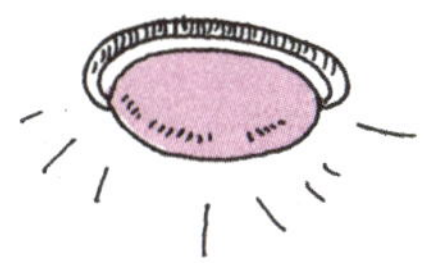

책상 위에 놓인 책들은 모두 CEO를 위한 경영서적이었다. 그는 바로 책을 모두 들고 샘의 방을 나왔다. 그리고는 코라가 앉아 있는 소파 옆의 조그만 탁자 위에 내려놓았다. 그러나 그녀는 탁자 위에 놓인 책들을 잠시 반사적으로 쳐다보았을 뿐, 다시 텔레비전 화면으로 눈길을 돌리며 말했다.

"참 녀석도! 왜 하필이면 이런 책들만 골라 읽는 건지……."

디노는 다시 한 번 숨을 크게 들이쉬었다. 안도의 한숨이었다. 아내의 말대로라면, 그가 찾은 책들이 샘이 최근에 읽고 있다는 책이 분명했다. 아내가 걱정하던 성인용 책이란 게 별문제가 없어 보였다.

"그걸 다 들고 왔어요? 그건 내일 얘기하기로 했잖아요!"

"그래 내일…… 내일 얘기하기로 했지."

디노는 중얼거리면서 책들을 주섬주섬 챙겨 샘의 방으로 가 흐뭇한 미소를 지으며 책상 위에 책들을 하나씩 쌓아놓고 거실로 돌아왔다.

그리고는 아내 옆에 조용히 앉아서 텔레비전을 보았

다. 그러나 디노는 아내가 즐겨 보는 〈멋진 정원〉에는 전혀 흥미를 느끼지 못했다.

하지만 지금 이 순간 아내를 기쁘게 해줄 수 있는 유일한 것이 함께 텔레비전을 봐주는 일이란 생각이 들어 기꺼이 그렇게 하리라 마음먹었다. 그렇게 디노는 아내와 텔레비전을 보면서 요즘 자신이 아내에게 뭔가를 잘못하고 있다는 생각이 들었다. 그러나 이유가 무엇인지, 어디서부터 잘못되었는지 명쾌하게 알 수는 없었다.

그런데 마침 코라는 남편의 마음을 알아차리기라도 한 듯 따뜻한 미소를 지어주었다. 디노는 아내의 미소가 갖는 의미를 잘 알고 있었다. 그것은 저축예금과도 같은 것이다. 평소에 돈을 저축해두면 필요할 때 요긴하게 찾아쓰듯이, 사람 사이의 신용도 다를 게 없다. 평소에 신뢰를 잘 쌓아두면 언젠가는 반드시 그에 상응하는 보상이 있게 마련이다.

어쨌든 디노는 아내에게, 샘이 보고 있는 책은 아무런 문제가 없는 거라고 말해주고 싶었다. 하지만 오랜만에 찾아온 평온한 순간을 깨뜨리고 싶지 않아 차마 말을 꺼내지 못했다.

　그는 애써 텔레비전을 응시하려고 노력했지만 마음이 들썩거려 그럴 수 없었다. 자신도 모르게 죄를 짓고 대가를 치르기 위해 아내 곁에서 벌을 기다리고 있는 듯한 생각이 들었기 때문이다.

“샘은 당신이 자랑스러운가 봐.”

“그게 무슨 말이야?”

“샘이 왜 그런 책을 즐겨 읽을 거라고 생각해요?”

“글쎄, 모르겠는데…….”

“여보, 내가 보기에는 샘이 당신의 관심을 끌려고 그러는 것 같은데? 당신을 성공한 아빠로 우러러보고 있는 거고. 당신을 본받아서 성공을 하고 싶다는 거 아니겠어요? 어쩜 그 나이에 그런 기특한 생각을 다 하는지. 하지만 여보, 당신도 아이를 이해해야 돼요. 생각해보세요. 그 비싼 책들을 사기 위해서 얼마나 열심히 용돈을 모았겠어요. 정말 사랑스럽죠? 그러니 당신도 샘에게 관심을 보여주세요. 당신을 아주 자랑스러운 아빠로 생각하고 있는 게 분명해요.”

　다음 날 모처럼 일찍 퇴근한 디노는 아내의 말을 떠올리며 샘의 방으로 향했다. 그의 임무는 단 하나! 아들이 나이에 걸맞은 책을 읽도록 유도하는 것이다.

　디노는 늘 하던 대로 샘의 방문을 두드렸다. 군대에서 배웠던 모스 부호를 이용하여 오른손을 방문에 대고 두 번째 손가락으로 '아빠다'라고 쳤다. 샘의 방에 들어가려면 이런 식으로 출입허가를 받아야 했다. 그러나 예상과는 달리 방 안에서 힘찬 목소리가 들려왔다.

　"들어오세요!"

　디노는 어깨를 가볍게 들어올리고 고개를 약간 숙인 채 방 안으로 들어갔다. 길게 빗어 올린 머리카락이 앞쪽으로 흘러내리는 바람에 온 신경이 머리 쪽으로 곤두섰지만, 그는 조심스럽게 머리카락을 머리 위로 길게 펴고는 샘에게 말을 건넸다.

　"좀 앉아도 되겠니?"

　샘은 침대 모서리에 앉은 채, 말없이 책상 옆에 놓여 있는 의자를 가리켰다.

"깐 콩? 안 깐 콩?"

디노는 의자에 앉으면서 그렇게 말하고는 웃었다. 그것은 샘이 어렸을 때부터 서로의 기분을 묻는 아빠와의 암호이다. 그러나 샘은 아빠와 어린 시절에 주고받던 유치한 말장난 따위로 웃을 기분이 아니라는 듯한 표정으로 말했다.

"안! 깐! 콩!"

샘의 목소리는 디노의 장난을 마지못해 받아주는 듯했다. 기분이 좋지 않다는 신호처럼 착 가라앉은 샘의 말투에는 이제 더 이상 그런 농담은 삼가 달라는 항의와 당부가 묻어 있었다.

"우리 얘기 좀 할까?"

디노는 가능한 한 부드럽게 이야기를 돌려서 꺼내고 싶었다. 그러나 마음과는 달리 불쑥 내뱉은 말은 너무나 단도직입적이었다.

"네가 아빠를 자랑스럽게 생각하는지는 몰랐다. 기분이 정말 좋구나."

디노는 샘의 얼굴을 똑바로 쳐다보았다. 샘이 자신의 말에 어떤 반응을 보일지 몹시 궁금했기 때문이다.

그러나 샘은 도대체 무슨 영문인지 모르겠다는 표정을 지었다. 이에 말문이 막혀버린 디노는 아무런 말도 하지 못했다. 뒤이어 디노는 샘의 반응과는 상관없이 책상 위의 책들을 가리키며 말을 이었다.

"그렇다고 이런 어려운 책들을 벌써부터 읽을 필요는 없다. 인내심을 가지고 기다리면 언젠가는 너도 이 아빠처럼 성공하게 될 거야."

샘은 몸을 약간 앞쪽으로 기울여 아빠의 말을 이해했다는 몸짓을 했다. 디노는 여전히 기대에 부푼 얼굴로 흐뭇하게 아들을 바라보았다. 그러나 샘은 아무런 말없이 오른손 엄지와 검지로 코를 매만지다가, 검지로 콧등을 여러 번 반복해서 두드렸다. 한참을 그렇게 있다가 샘이 어렵게 입술을 떼었다.

"제가 왜 저런 책을 읽는지 알고 싶으세요?"

"그야 물론이지!"

아들의 목소리가 약간 불분명하게 들렸지만 디노는 자신만만한 목소리로 대답했고, 멋쩍을 때 하는 습관대로 머리를 긁적거리며 샘의 말을 기다렸다. 디노는 평소에 진실이 아닌 그 어떤 말도 귀담아 듣지 않는 멋진 모습을 심어주려고 애쓴 보람을 내심 느끼고 있었다.

샘은 한참을 망설이다가 말문을 열었다.

"정말로 알고 싶으세요?"

디노는 대답 대신 고개를 끄덕였다. 그러자 샘은 숨을 크게 한번 들이쉬고는 말했다.

"좋아요. 아빠가 정말 진실을 알고 싶다면 말할게요. 제가 이런 책들을 읽는 이유는…… 그 이유는 솔직히 아빠처럼 되고 싶지 않아서예요."

순간 디노의 얼굴이 벌겋게 달아올랐다. 양쪽 볼이 실룩거리면서 아무런 생각이 나지 않았고, 어떤 말도 할 수 없었다.

샘은 아빠가 무슨 말이라도 하기를 기다렸다. 그러나 말이 없자 다시 입을 열었다.

"매일같이 들어왔다 나갔다 일 년 내내 들어왔다 나갔다. 사는 게 뭐 그래요? 정말 지루해 보여요. 그렇다고 돈을 많이 버는 것도 아니잖아요? 새로 맞춘 안경이 일주일밖에 안 됐는데 벌써 문제가 생길 정도로 일만 하잖아요. 아빠 자신이 어느 수준인지 아시기나 하세요? 좋아요. 말이 나온 김에 제 생각을 다 말씀드리겠어요. 그러니까 아빠는 그저 빵 장사꾼 수준에 불과해요. 그……
그게 바로 아빠라고요. 인정하고 싶지 않으시겠지만 아
빠의 인생은 그게 다예요. 저는 절대로 아빠처럼 그렇게
살고 싶지 않아요!"

디노는 넋이 나간 사람처럼 초점 없이 아들을 바라보고
있었다. 망치로 머리를 얻어맞은 듯 머리가 무겁고 몸이
움직여지지 않았다. 아무 생각도 떠오르지 않았다. 전혀
뜻밖이었다. 아니, 이런 상황은 전혀 상상도 하지 못했다.
디노는 아들의 말에 한 마디 항변도 할 수가 없었다.

서서히 정신이 들자 그는 고개를 바닥으로 떨어뜨리며
잠시 눈을 감았다. 아들의 말은 일순간에 충동적으로 나
온 말이 아니었다. 그것은 적어도 몇 년 전부터 가슴속에
담아 온 생각이라는 것을 느낄 수 있었다. 디노가 회사에
몸담은 지는 올해로 벌써 15년째다. 하지만 그동안 자신
의 직업에 불만을 가져본 적은 없었다. 물론 아침마다 새
로운 일에 대한 기대에 부풀어 흥분이 될 정도는 아니었
지만, 그런 대로 안정적이고 봉급도 제때에 나오는 꽤 괜
찮은 직장이었다.

그는 회사에서 신제품 개발 담당 부장을 맡고 있고, 지

금까지 해왔던 대로 근무한다면 언젠가는 부사장으로 승진할 수 있으리라는 희망도 갖고 있다. 만일 승진만 된다면 그에게는 인생의 새로운 장이 열리는 거나 마찬가지였다. 디노는 자신의 승진문제를 생각하면 할수록 세상을 품에 안은 듯 들뜬 기분을 느끼곤 했었다.

'그래 이건 분명 샘이 회사생활을 몰라서 그런 거야. 아직 어려서 거기까지는 생각을 못 하는 거라고.'

디노는 지그시 눈을 떴고, 자신을 바라보고 있던 샘과 눈이 마주쳤다. 아들의 눈빛에는 불만이나 비난이 아닌 연민의 정이 묻어 있었다. 그 눈빛에 디노는 아들에게 하려고 생각했던 말을 순간적으로 잊어버리고 말았다.

'그래, 네 말이 틀린 건 아냐. 그건 아빠가 인정한다. 하지만……'

디노는 마음속으로 말했을 뿐, 한 마디 말도 내뱉지 못했다. 그저 고개만 약간 끄덕이다 자리에서 일어나 힘없이 방을 나가는 것밖에 할 수 없었다.

그런데 그때 샘이 소리쳤다.

"아빠를 돕고 싶어요!"

디노는 방문을 닫으려다 말고 몸을 돌려 아들을 바라

보았다. 그러나 힘없이 고개를 끄덕이며 어색한 미소를
지을 뿐 아무것도 할 수 없었다.

아빠, 회사생활 이것밖에 못 해요?

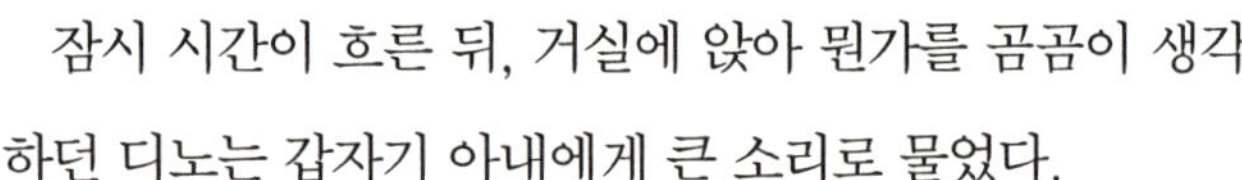

잠시 시간이 흐른 뒤, 거실에 앉아 뭔가를 곰곰이 생각하던 디노는 갑자기 아내에게 큰 소리로 물었다.

"여보, 우리가 지금 가난한 건가?"

코라는 주방에서 감자를 썰다 말고 거실 쪽에 앉아 있는 디노를 천천히 훑어보았다. 그녀는 남편이 느닷없이 왜 그런 질문을 하는지 이유를 알 수가 없었다.

"왜요? 누가 뭐래요?"

다노는 아무것도 아니라는 듯이 고개를 가로저었다.

"그런데 왜 갑자기 그런 엉뚱한 말을 하는 거죠?"

"당신 생각엔 우리가 가난한 것 같아?"

"그…… 그거야 물론 가난한 건 아니죠. 그럼요. 우린 가난하지 않아요. 물론 그렇다고 부자라고 할 수는 없지만, 어쨌든 가난하지는 않아요. 난 우리 사는 게 중간쯤은 된다고 생각해요. 그러니까 생활수준이 나쁜 편에 속하진 않는다고 봐야죠. 우리는……."

코라는 뭔가를 생각하는 듯 잠시 말을 멈추었다가 곧 속사포처럼 쏘아 댔다.

"우리는 집도 있잖아요. 물론 아직 좀 더 부금을 넣어야 하긴 하지만, 그리고 어디 그뿐이에요? 텔레비전이 두 대에다 비디오, 세탁기, 건조기, 냉장고와 식기세척기, 자동차 그리고 저축 통장까지 있잖아요. 게다가 해마다 꼬박 2주일씩 여행을 즐기고…… 뭐 그 정도면 괜찮게 사는 거 아니에요? 그런데 갑자기 그런 엉뚱한 말은 왜 하는 거예요?"

아내의 말은 디노에게 새로운 힘을 북돋아주기에 충분했다. 그는 의자에서 벌떡 일어나 주방 쪽으로 다가가, 영문을 모른 채 멀거니 쳐다보고 서 있는 아내를 힘 있게 감싸 안았다.

"여보, 오늘 당신답지 않네요. 무슨 일 있었어요?"

아내의 말에 디노는 팔을 풀고는 어깨를 들어올렸다.

"그래 내 잘못이 아니야…… 내가 잘못한 게 아니야. 당신 말이 옳아. 우린 어느 정도 살고 있는 게 분명해. 암, 그렇고 말고. 우린 꽤 사는 편에 속하는 거야. 이 정도 사는 것도 정말 감사해야 된다고. 안 그래?"

"왜 자꾸 그런 얘기를 하는 거죠? 혹시……."

아내 코라는 잠시 말을 멈추고는 문득 뭔가가 생각난 듯 물었다.

"참, 당신 샘하고는 얘기 좀 해봤어요? 그 책들에 관해서 말이에요. 샘이 딴소리를 하던가요?"

아내의 질문에 디노는 얼굴을 일그러뜨리며 대답을 하지 못했다. 그러나 예리한 아내의 눈빛을 피해갈 수는 없었다.

"샘이 있잖아…… 나를 아주 실패한 사람으로 생각하는 것 같아."

그는 더 이상 말을 잇지 못하고 어깨를 늘어뜨리더니 마치 마구 퍼부어 대는 장대비를 맞은 사람처럼 처량한 표정을 지었다.

그러자 코라는 안타까운 얼굴을 하며 디노를 꼬옥 끌

어안고는 남편의 귓가에 대고 나직이 속삭였다.

"힘내요. 아직 어린애가 인생에 대해서 뭘 알겠어요. 당신은 누가 보아도 성공한 사람이에요. 이제 곧 부사장이 될 거잖아요. 비록 우리가 큰 부자는 아니지만 이만하면 어때서요? 샘이 뭔가 잘못 말했을 거예요. 우리도 그럴 때가 종종 있잖아요. 생각하고 다르게 말이 나오는 경우요. 어렸을 때는 누구나 부모에게 그런 식으로 말하잖아요. 당신도 사춘기에 그런 적 있잖아요."

코라는 최선을 다해 남편을 위로했다. 아내의 따뜻한 마음이 담긴 말들은 디노에게 더할 나위 없는 위안이 되었다. 서서히 디노는 얼굴 근육이 풀리면서 입가에 미소가 감돌았다.

"고마워, 여보."

아내의 따뜻한 위로는 아들로부터 받은 충격에서 벗어날 수 있는 원동력이 되었다.

'그래 좋다! 이 버르장머리 없는 녀석! 다시는 네 녀석이 아빠를 비웃지 못하게 할 테니까 두고 봐라! 또 한 번 그랬다간 정말 혼내주고 말 테다!'

디노는 온몸에 불끈 힘이 솟는 것을 느꼈다. 그는 곧장 몸을 돌려 아들 샘의 방으로 향했다.

거칠 것이 없는 사람처럼 당당하게 샘의 방문 앞에 다다랐다. 아들의 눈치를 보거나 모스 부호로 노크를 할 만한 여유 따윈 이미 없었다. 디노는 샘을 사랑하는 마음만큼이나 분노로 가득 차 있었다.

디노가 방문을 거칠게 열어젖히자, 침대 모서리에 걸터앉아 뭔가를 생각하고 있는 샘이 눈에 들어왔다. 이에 디노는 아들을 향해 소리를 치려 했지만 눈길이 마주치자 차마 입술이 떨어지질 않았다. 그러나 잠시 머뭇거리던 디노는 마음을 가다듬고 아들을 향해 큰 소리로 말했다.

"샘! 네 엄마와 얘길 했다. 뭐라고 했는지 아니?"

샘은 어깨를 들었다 내릴 뿐 말이 없었다. 디노는 기다렸다는 듯 속사포처럼 빠르게 말했다.

"우린 절대 가난하지 않아. 아니 오히려 잘살고 있어."

샘은 미간을 약간 찌푸렸을 뿐 아무런 대꾸도 하지 않았다. 디노는 불과 몇 분 전, 샘의 방을 나올 때와는 달리 자신만만한 목소리로 자신의 마음을 퍼붓듯 말했다.

"그러니까 네가 잘못 생각하고 있는 거다. 아빠 말 좀 들어볼래. 네게, 책 속에 있는 세상과 책 밖에 있는 세상,

말하자면 실제 세상은 많이 다르다고 말해주고 싶다. 그 차이는 정말 엄청나지. 아빠가 무슨 말을 하려는지 알겠니? 네가 원한다면 아빠 회사에 함께 가서 네 두 눈으로 확인시켜줄 수도 있다. 회사생활이 어떤지 똑똑히 본다면 아마 생각이 완전히 달라질 거야. 아빠 나이가 지금 몇인지 아니? 마흔일곱이야! 이 세상이 어떻게 돌아가는지 알 만한 나이라고 할 수 있지. 할 수 있는 일이 무엇이고, 할 수 없는 일이 무엇인지 알고 있는 나이지. 적어도 책에서 주워들은 지식으로만 가득 찬 열네 살짜리 아들보다는 세상을 더 많이 알아. 아빤…… 아빤 주어진 삶을 열심히 살아왔다고 생각한다. 아빤 실제로 겪은 경험을 가장 중요하게 생각해. 경험을 통해서 많은 것을 배웠으니까. 그런데 어떻게 아빠를 무능력하고 재미없다고 비난할 수가 있는 거지? 책 몇 권 읽었다고 네가 아…… 아빠에게 충고를 해? 그건 말도 안 되는 일이다. 그건 슬프고도 웃긴 얘기야. 아무튼 긴 말 할 필요 없이 아빠는 네가 아빠 직장에서 하루를 함께 지내보면 당장 알 거라고 생각한다. 한번 그렇게 해보겠니?"

샘은 고개를 끄덕였다. 그리고 입을 열었다.

“언제요?”

“언제가 좋은데?”

“내일은 어때요?”

“내일? 좋아. 내일 당장 가자꾸나. 네가 본 책에 적혀 있지 않던? 성공하는 경영인이 되려면 시간을 낭비하지 않는 법이라고 말이다.”

디노는 그렇게 말하면서 입을 굳게 다물었다. 더 길게 말했다가는 아들에게 말꼬리를 잡힐 수도 있다는 생각 때문이었다.

“자, 그럼. 샘, 내일 아침에 보자꾸나!”

저녁까지 쾌적하던 공기는 밤이 되자 습기를 머금은 듯 눅눅하게 바뀌었다. 디노는 몇 번을 뒤척이다가 밤늦게 잠이 들었다.

다음 날 아침, 알람시계 소리에 잠에서 깬 디노는 반쯤 눈이 감긴 채로 침대에서 벗어났다. 어젯밤에 했던 샘과

의 약속이 떠올라 아들을 깨워야 한다는 생각이 들었던 것이다.

그는 아들 방으로 가서 단잠에 빠져 있는 샘을 흔들어 깨웠다. 그러나 대답만 할 뿐 샘은 일어나지 않았다. 그렇게 방을 세 번씩이나 들락거리며 아들을 깨웠지만 여전히 대답만 할 뿐 일어나지 못하고 잠에서 헤어나지 못했다. 이에 참을 수 없는 디노는 아침잠을 주체하지 못하는 아들의 얼굴을 바라보며 소리쳤다.

"좋아. 네 마음대로 해!"

디노가 방문을 닫고 나가려는데 엄포가 효과가 있었던지 샘은 어느새 침대 옆에 서 있었다.

"곧 준비할게요. 7분 정도면 돼요."

샘은 출발을 준비하는 마라톤선수처럼 심호흡을 했다.

"아빠도 준비하셔야죠. 그리고 가실 때 말씀만 하세요. 저도 그때까진 준비하고 있을게요. 정말이에요."

디노는 아침식사를 하기 위해 식탁에 앉았다. 여느 아침과 마찬가지로 꿀을 바른 토스트 두 개, 키위 한 개, 우유 한 잔이 준비되어 있었다. 그리고 식사를 마친 후, 여유로운 마음으로 하루를 시작하기 위해 차를 마셨다. 사실 코라는 디노의 아침식단을 바꾸어 보려고 여러 번에 걸쳐 노력했지만, 남편의 아침식습관을 변화시킬 수는 없었다.

그뿐만이 아니었다. 디노는 아침에 일어나서 회사로 출발하기 전까지 정확하게 분 단위로 행동했다. 아침시간은 자동차 운전석에 앉은 6시 30분까지 한 치의 오차도 없이 진행된다.

빈틈없는 그의 아침 스케줄은 나름대로 이유가 있다. 분 단위로 달라지는 복잡한 교통체증 때문인데 6시 30분에 출발하면 새로 지은 매장에 있는 사무실까지 아무런 문제없이 도착할 수가 있지만, 6시 35분에 출발하면 10분을 지각하고, 6시 40분에 출발하면 20분을 지각하게 된다. 그렇기 때문에 그의 아침시간은 시계추처럼 정확할 수밖에 없었다.

물론 디노뿐만 아니라 매일 같은 시간에 출근을 해야 하는 직장인들의 아침시간도 다를 게 없을 것이다.

"모처럼 일찍 일어나서 피곤하지? 게다가 아침밥도 못 먹었잖아?"

디노는 측은한 눈길로 아들을 바라보았다.

“괜찮아요. 호주머니에 먹을 걸 약간 넣었어요. 그리고 아빠 회사에 가면 먹을 게 있을 텐데요 뭘.”

“샘, 그건 네 생각일 뿐이야. 네가 생각하는 것과 현실이 다르다는 게 바로 그런 거란다. 아침식사 하나도 네가 미리 계획을 세워야만 해결할 수 있는 거지. 아무렇게나 해결되는 게 아니야.”

집에서 디노의 사무실이 있는 곳까지는 10킬로미터 남짓이었다. 그러나 자동차로 1킬로미터를 가는 데 3분이 걸리는 걸 감안하면 출근시간은 30분 가까이 소요된다.

디노와 샘은 차에서 내려 엘리베이터를 통해 13층으로 올라갔다. 사무실은 첫 번째 코너에 있었다. 사무실 바로 옆에는 커피나 차를 준비하는 간이주방이 붙어 있었다.

디노는 사무실에 도착하자마자 큼직한 머그컵을 들고 밖으로 나가더니, 커피를 가득 채워 조심스러운 발걸음으로 돌아왔다.

“샘! 팩스를 보내야 할 게 있으니, 넌 잠깐 여기 앉아서 인터넷이나 하고 있으렴. 조금 있다가 아빠 동료들에게 인사를 시켜

주마."

아빠의 말대로 샘이 디노의 자리에 앉아서 컴퓨터 전원을 켜고, 카드놀이를 시작하려고 할 때였다.

"못 보던 얼굴인데, 우리 직원인가?"

아이인 줄 알았지만 누군가가 호기심 반, 장난 반으로 샘에게 말을 걸었다.

샘은 귓가로 굵은 목소리가 들려오자, 약간 당황한 얼굴로 들어서는 남자를 올려다보았다. 그리고 그가 책상 가까이 다가서자 이내 표정을 바꾸고는 밝게 웃으며 대답했다.

"저는 이 책상 주인의 아들입니다."

"아, 그래? 이제 보니 그렇게 보이는구나. 그런데 왜 여기에 있는 게냐?

"전부터 아빠 사무실에 와 보고 싶었거든요. 그런데 아빠가 오늘 회사를 보여주고 싶다고 하셔서요."

"음, 그래? 하여간 만나서 반갑구나. 난 켄 스톤이라고 한다. 네 아빠의 직장상사지."

"그럼 사장님이세요?"

샘은 흠칫 놀란 표정을 지었다.

"그렇단다. 혹시 내게 뭐 물어볼 건 없니? 아는 대로 대답해주마."

샘은 잠시 사무실 천장을 바라보며 뭔가를 생각하는 듯하다가 마침 문가로 들어서는 아빠와 시선이 마주쳤다. 사장은 디노가 문가에 서 있다는 사실을 아직 알지 못한 상태였다.

"아빠 회사에 처음 오니 궁금한 게 많을 것 같은데?"

"네, 있어요!"

샘은 웃음을 머금으며 대답했다.

"뭔데?"

"우리 아빤 왜 돈을 조금밖에 못 버는 건지, 그걸 알고 싶어요."

순간 문가에 서서 아들의 모습을 지켜보던 디노의 얼굴에서 미소가 사라졌다.

"돈을 조금밖에 못 번다고……?"

사장은 눈을 크게 뜨며 샘에게 되물었다. 그리고는 천천히 고개를 끄덕이고는 책상 위의 컴퓨터를 가리키며 화제를 바꾸었다.

"이 게임 어렵지 않니?"

그러자 샘은 실망한 얼굴로 자리에서 일어났다.

"어딜 가려는 게냐?"

"아빠 동료 분들을 좀 뵈려고요."

"동료들을? 네가 왜?"

"왜냐면…… 좀 궁금해서요. 아빠가 집에서 만날 멍청이들이라고 하시기에……."

순간 사장은 반사적으로 몸을 돌렸다. 그때 당황한 디노가 아들의 입을 막으려고 달려들었다. 어느새 디노의 얼굴은 붉게 물들어 있었고 이마에서는 식은땀이 흘러내리고 있었다. 그는 어찌할 바를 몰라 안절부절못하는 듯 보였다. 그리고 사장의 시선을 의식하고는 민망스러운 듯 얼굴을 똑바로 들지 못했다.

"자네 아들, 성격이 아주 솔직하구먼!"

사장의 표정은 태연했지만 목소리에는 가시가 돋아나 있었다.

"아들 녀석이 아직 철이 없어 그렇습니다. 어려서 아직 세상물정을 잘 몰라 그러니 이해하십시오. 저 나이 땐 대개 그렇지 않습니까? 자신이 무슨 말을 했는지도 모르고…… 그냥 너그럽게 받아주십시오."

디노는 어색한 미소를 지은 채 머리를 긁적거리며 말했고, 사장은 잠시 샘을 바라보고는 잊었던 생각이 떠오른 듯 입을 열었다.

"샘, 아빠와 중요한 이야기를 나눌 게 있는데, 주방에 케이크가 있으니 그동안 먹고 있지 않을래? 오래 걸리진 않을 거야."

샘은 아빠와 사장이 나누는 이야기를 직접 듣고 싶었지만 어쩔 수가 없었다. 사장은 샘이 밖으로 나갈 수 있도록 사무실 문을 열어주고는 안에서 문을 닫았다.

샘이 들어간 간이주방에는 사무실 벽과 맞닿아 있는 둥근 탁자와 의자, 그리고 탁자에는 여러 조각으로 잘린 케이크가 놓여 있었다. 작은 접시에 케이크 두 조각을 옮겨 놓은 샘은 벽 쪽에 붙어 있는 의자에 앉아 케이크를 먹으려던 참이었다.

순간 사무실 안에서 나지막한 소리가 들렸다. 호기심에 왼쪽 귀를 벽에 밀착시키자 충분히 알아들을 수 있을 정도로 또렷한 목소리가 들렸다. 조금 들어보니 사장의 목소리였다.

"그동안 내가 자네에게 몇 번이나 말했나. 생산비를

최대한으로 줄이라고 이미 수십 번 말했잖아. 지금처럼 비용이 많이 들어서야 이게 어디 남는 장사라고 할 수 있겠나? 아주 간단한 걸 왜 못하는 건가. 생산비를 줄이는 건 머리를 쓰고 말 것도 없잖아. 물론 지금보다야 제품의 품질이 떨어지겠지만, 싼 밀가루를 쓰고 초콜릿이나 과일 통조림 같은 걸 좀 덜 넣으면 되는 것 아닌가? 그럴싸하게 보이도록 만들고 맛도 어느 정도만 있으면 되는 거야. 물건이야 내놓으면 어차피 팔리는 거고. 그렇게 되면 수익성을 쉽게 높일 수 있는 거 아닌가. 내 말 알아듣겠나? 생산 단가를 무조건 싸게, 더 싸게 낮추라고! 명심하게."

벽에 귀를 대고 있던 샘은 몸을 부르르 떨며 주먹을 움켜쥐었다. 화가 치밀어 오르는 것을 눌러 참으면서 아빠의 대답을 기다렸다. 아빠는 좋은 품질의 케이크를 만들어 적정한 가격에 팔아야 한다는 당연한 설명을 하면서도 목소리는 풀이 죽어 있었다.

"사장님 말씀을 모르는 바는 아닙니다만, 고객에게 한 번 신용을 잃으면 다시 회복하기는 어렵습니다."

디노의 대답은 그것으로 끝이었다.

샘은 기분이 무척 상했다. 마음 같아서는 당장이라도 벽을 부수고 나가 아빠 대신 사장에게 분풀이를 해대고 싶었다. 그러나 곧 사무실 안에서 무슨 일이 벌어지고 있는지 더 이상 말소리가 들리지 않았다.

샘은 더욱 벽에 귀를 바싹 갖다 댔다. 하지만 사무실에서는 아무런 말소리도 들리지 않았다. 단지 발자국 소리만 들릴 뿐이었다.

'혹시 분노한 사장이 으르렁거리는 짐승처럼 왔다 갔다 하고 있는 게 아닐까?'

잠시 후에는 발자국 소리마저도 들리지 않았다.

그때였다.

"난 이 회사를 크게 키우는 데 가장 중요한 게 뭔지 자네에게 충분히 말했네."

곧이어 사장이 전화기 버튼을 누르는가 싶더니 스튜어트라는 이름의 남자를 불렀고 뒤이어 수화기를 내동댕이치는 소리가 들려왔다.

그리고 사장의 우레 같은 목소리가 계속 이어졌다.

"고객이란 작자들은 대체로 멍청하면서도 뻔뻔스럽기 짝이 없어. 무슨 말인지 알겠나? 아무런 생각도 없으니

멍청하고, 우리가 제품에 얼마나 심혈을 기울이는지는 알려고 하지도 않고, 가격만 물고 늘어지기만 하니 뻔뻔하단 말일세."

그러나 디노는 사장의 말에도 아랑곳하지 않고 되풀이하여 말했다.

"우리 회사가 더 성장하는 길은 맛있고 정성과 사랑이 들어간 케이크를 생산하는 데 있다고 봅니다."

순간 샘은 주먹으로 책상을 내리치는 소리와 함께 의자가 돌아가는 듯한 소리를 들었다.

"디노! 오늘은 좀 쉬는 게 어떤가. 자네 너무 과로를 한 것 같네. 그래서 머리가 맑질 않은 거야. 이거야 어디 말이 통해야지. 난 지금 케이크 생산비가 너무 비싸게 먹히고 있다는 말을 하고 있는데 자넨 뭐라고? 오히려 더 비싸게 만들어야 한다고? 자네 오늘부터 일주일간 집에서 쉬어도 좋네. 아니, 앞으로 계속 쉬어도 괜찮아. 알겠나?"

그러고 나서 사무실 문이 열렸다.

샘은 접시에 덜어 두었던 케이크에 손을 대지 않았다. 분한 마음을 꾹 참으며 주먹을 꽉 쥘 뿐이었다.

'멋진 회사생활을 보여주겠다더니, 저런 어수룩한 말만 털어놓다니……. 대체 왜 아무 말도 못 하는 거지? 지금 이 상황에서는 제품의 질을 이야기할 때가 아니잖아!'

샘은 상기된 얼굴로 씩씩거리며 아빠를 기다렸다. 그러면서 한편으로는 사무실에서 일어났던, 사장과 아빠의 어처구니없는 대화를 모르는 척해야겠다고 생각했다. 그러나 생각하면 할수록 분통이 터져 참을 수가 없었다.

'아냐, 도저히 그냥 넘어갈 수 없어! 이건 나에 대한 모독이야. 그런데 아빠는 왜 아무런 말도 안 하는 거지. 어젯밤에 내게 자신 있게 말했던 책 밖의 세상이란 게 이런 거야? 실제 세상은 엄청난 거라더니, 부사장이 될 거라고 말하더니…….'

샘은 분노에 찬 마음을 달래 보려고 했으나 쉽지 않았다. 케이크 조각을 커다란 접시에 다시 올려놓으면서 이 사건을 절대로 잊지 않을 거라고 다짐했다.

그때 디노가 평상시보다 더 밝은 얼굴로 샘이 있는 곳으로 다가왔다. 그리고는 마치 아무 일도 없었다는 듯한 표정으로 말했다.

"샘, 이제 그만 가자!"

"가다뇨? 조금 전에 왔잖아요."

"그…… 그런데 사장님이 아빠에게 오늘 하루 휴가를 주셨단다. 놀랍지 않니?"

"휴가요? 왜죠?"

"하하. 그거야 아빠의 근무성적이 탁월하니까 그런 거지. 말하자면 포상휴가인 셈이란다. 자, 이제 우리 가볼까? 넌 오늘 운이 좋은 줄 알아. 어때, 아빠가 영화 보여줄까?"

그러나 샘은 움직일 생각을 하지 않고 아빠를 빤히 쳐다보고만 있을 뿐이었다.

"샘, 왜 그래? 싫으니?"

"아…… 아녜요. 어…… 어떤 영화를 볼까 잠깐 생각했어요."

그들은 엘리베이터를 타고 주차장으로 갔다. 디노는 한 극장에서 여러 영화를 선택해서 볼 수 있는 멀티맥스 극장에 도착할 때까지 아무 말도 하지 않았다. 감당할 수 없는 충격을 받은 듯 굳어진 디노의 표정은 풀리지 않았다. 그는 마치 아무런 생각을 할 수 없는 기계처럼 차에서 내렸고, 내리자마자 무심히 걷기만 했다.

그때 샘이 문득 걸음을 멈췄다. 디노는 샘보다 50보 정도 앞서 걸어간 다음에야 아들이 옆에 없다는 것을 알아차리고 뒤를 돌아다보았다. 하지만 샘은 디노가 발걸음을 되돌려 다시 가까이 올 때까지 선 채로 움직이지 않았다.

"왜? 무슨 일이 있니?"

디노가 참지 못하고 샘에게 물었다.

"정말 짜증이 나요, 아빠!"

"무엇 때문에?"

"아빠하고 아빠네 사장님 때문에요. 아까 사무실 밖에서 다 들었어요. 사장님이 아빠를 나무라는 것도요. 그러니까 절 속이실 생각은 하지 마세요."

"으음……."

디노는 이에 아무런 대꾸도 하지 못했다.

"아빠, 제가 아빠의 고질적인 문제를 해결해드릴게요."

"음……."

아빠는 또다시 신음소리만 냈을 뿐 말이 없었다. 그러

자 샘이 말을 이어갔다.

"아빠, 제가 어떤 약속을 정확히 드릴 수는 없지만 아빠의 문제에 대해서 최선을 다해 볼게요."

샘의 말에 아빠는 목을 앞으로 길게 늘여 뺐다.

"제…… 제 말은 그러니까…… 최선을 다하겠다는 말은 그러니까…… 어떻게 들리실지 모르겠지만 제가 아빠를, 아빠를 트…… 트레이닝 시킨다는…….."

"트레이닝? 네가 나를?"

디노는 눈을 크게 뜨고 손가락으로 샘과 자신을 번갈아 가리키며 물었다. 그러자 샘이 보일락 말락 하게 고개를 끄덕였다. 대뜸 말을 꺼내긴 했지만 자신이 없었던 것이다.

순간 디노는 어이가 없어서 너털웃음을 지었다.

"그것 참 굉장한 아이디어로구나!"

샘은 믿기지 않는다는 얼굴로 힐끗 디노의 표정을 살폈다. 그리고는 이내 용기를 얻은 듯, 눈빛이 밝아지면서 고개를 힘 있게 끄덕였다.

"굉장한 정도가 아니에요. 진짜 지상 최고의 아이디어죠. 전 아빠를 새로운 사람으로 만들 자신이 있어요. 성공한 직장인, 누구보다도 뛰어난⋯⋯."

"샘, 그만 하거라! 오늘은 시간이 많잖아. 무슨 영화를 볼 건지 생각해봤니? 우선 영화를 보고 나중에 천천히 이야기하자꾸나. 지금은 내 머릿속에서 케이크 생각을 털어낼 수 있는 좋은 기회니까."

아빠는 잠시 말을 멈추더니 밝게 웃고는 다시 말했다.

"잠깐 샘! 그러니까 네 말은 네가 아빠를 가르치겠다는 거지? 지금 아빠의 선생님이 되겠다고 말한 거잖아? 그렇지? 그거 정말 멋지구나. 아들이 아빠의 선생님이라⋯⋯."

디노와 샘은 동시에 눈이 마주치자 웃음을 터뜨렸다. 그러나 웃음의 의미는 분명 서로 다른 것이었다.

오후 1시쯤 그들은 극장 밖으로 나왔다. 하지만 두 사람은 자리에 앉아 있었을 뿐 영화가 눈에 들어오지는 않았다. 광활한 우주의 은하계를 배경으로 거대한 우주선과 기괴한 우주 생물체들의 전쟁이 스크린을 가득 메웠지만, 디노와 샘의 머릿속엔 다른 생각으로 가득 차 있었다.

그들은 아무 말 없이 주차장 쪽으로 발길을 돌렸고, 근처 길목에서 중국 음식을 파는 스넥 코너를 찾아 점심을 간단히 해결했다.

그렇게 디노는 휴가의 첫날을 평범하게 보내고 집으로 돌아왔다. 집에는 아무도 없었고 조용했다.

3

내가 아빠를 바꿀 거야

다음 날 아침 샘은 어김없이 학교로 향하는 스쿨버스에 올랐다. 늘 그랬듯 여자친구 미셸레가 샘을 향해 반갑게 손을 흔들면서, 옆에 있는 빈자리에 앉으라는 듯 손짓을 했다. 샘도 밝은 미소를 보이며 미셸레 옆에 가서 앉았다. 샘이 앉자마자 미셸레가 뭔가 준비라도 했다는 듯이 말을 꺼냈다.

"샘, 방과 후에 뭐 하니?"

"응? 뭐 특별한 건 없어. 왜?"

"오늘 K마트에 놀러가지 않을래? 어제 아빠한테 용돈 받았거든. 가서 맛있는 것도 먹고 쇼핑도 하자."

"쇼핑? 뭘 살 건데?"

"아직 특별히 생각한 건 없어. 그냥 가서 한번 보고."

사실 샘에게 '쇼핑'이라는 말은 썩 익숙지 않다. 쇼핑이란 늘 어른들만 하는 것이라고 생각했을 뿐만 아니라 쇼핑이라는 말이 입에서 자연스럽게 나올 정도로 용돈이 충분하지도 않았다. 물론 샘도 엄마를 따라 집에서 가까운 마트에 가곤 하지만, 늘 엄마를 따라다니며 먹고 싶은 것이 있으면 사달라고 하든지, 혹은 무엇을 먹고 싶은지 말할 뿐이었다. 아니면 특별한 것 없이 구경만 했다. 그래서 호기심 많은 샘은 대형 K마트에 한 번도 혼자서 가 본 적이 없었기 때문에 재미있을 거란 기대감에 부풀어 있었다.

"좋아, 재미있겠는걸!"

학교 수업을 모두 마친 뒤 샘과 미셸레는 약속대로 K마트로 향했다. K마트는 한마디로 거대한 상품의 천국이었다. 총 10여 층에 이르는 엄청난 크기의 마트에는 사람들이 끊임없이 상품을 구매하기 위해 오고가고 있었다. 정문에 들어서자 경비원으로 보이는 듯한 남자들이 샘과 미셸레를 친절하면서도 정중하게 맞이했다. 미셸레는 그들과 꽤 가까워 보였다.

"오, 귀여운 아가씨, 오늘은 뭘 사러 왔나요? 오늘은 멋진 남자친구랑 함께 왔군요!"

"예, 안녕하세요!"

샘은 얼떨결에 인사를 했지만 경비원들이 그렇게까지 친절한 모습을 보인 것은 처음이었다. 엄마와 동네 인근 마트에 자주 가곤 했지만 그들은 그저 약간 고개를 숙이는 정도의 인사를 건넸을 뿐이었다.

샘이 신기하다는 듯이 미셸레에게 말했다.

"역시, 큰 곳은 뭐가 달라도 다르구나."

"응? 뭐가?"

"이곳은 잘 모르는 사람들에게도 매우 친절하잖아."

그렇게 몇 발자국 더 걸어가자 이번에는 안내데스크에 앉아 있는 예쁜 누나가 미셸레를 향해 손을 흔들었다. 미셸레도 함께 손을 흔들며 인사를 했다.

"미셸레, 너는 여기 단골인가 보구나?"

미셸레는 짧게 '응'이라고 대답을 한 후 샘의 손을 끌어 K마트에 있는 이탈리아 음식점으로 향했다. 그곳은 꽤 비싼 곳이었다. 샘이 잠시 식당의 고급스러움에 감탄

하고 있을 때 미셸레가 물었다.

"샘, 그런데 너는 이탈리아 음식을 좋아하니? 그러고 보니 네가 좋아하는지도 물어보지 않고 왔네……."

"응, 난 괜찮아. 너만 좋다면 나도 좋아."

"그런데 여기 K마트에서 일하는 직원들은 모두 몇 명이나 될까?"

"글쎄, 나도 정확히는 모르지만 한 4백 명 정도는 되지 않을까?"

"그렇구나. 정말 크다. 이런 곳을 운영하는 사람은 정말로 큰 부자겠지?"

샘의 질문에 미셸레가 알 듯 모를 듯한 미소를 지었다.

샘과 미셸레가 음식을 주문하고 있을 때, 디노 역시 중국에서 온 사업가와 같은 이탈리아 레스토랑에 있었다. 그런 중요한 고객이 회사를 방문하면 언제나 K마트의 값비싼 고급 레스토랑에서 점심식사를 대접하곤 했다. 시내의 다른 레스토랑에 비해 음식 가격이 훨씬 비싼 곳이었다. 그렇다고 다른 곳에 비해 음식 맛이 특별하게 뛰어난 것은 아니다. 맛은 다른 곳과 별 차이가 없었지만 그곳을 찾는 사람들은 음식값에 대한 불만을 털어놓지 않았다. 닭장 같은 분위기에서 제공되는 스파게티가 더 맛이 있을지라도, 궁전 같은 곳에서 먹는 스파게티보다는 값은 저렴해야 한다. 물론 폰손비에 있는 레스토랑이 궁전과 같은 곳은 아니었지만 손님을 대접하기에 닭장 같은 분위기보다는 훨씬 나은 곳이었다. 레스토랑의 주인은 이탈리아 사람으로, 역시 이탈리아 출신인 자신의 할아버지와 같은 시기에 이민을 온 사람이었다. 레스토랑 주인과 디노는 안부를 물을 정도로 친한 사이였다. 그는 디노에게 항상 가장 좋은 자리를 배려해주었고, 디노는 그 레스토랑을 자주 이용했다.

"그라치에, 기우리오, 그라치에."

디노가 레스토랑에 들어서면서 말했다. 그것은 그가 할 수 있는 유일한 이탈리아 말이었다.

그럼에도 불구하고 중국인 미스터 창은 깊은 인상을 받은 듯했다.

"죄송합니다만, 잠시만 실례하겠습니다."

잠시 미스터 창이 자리를 뜬 사이 디노는 붉은 포도주가 담긴 잔을 입가에 대면서 천천히 테이블 주위를 둘러보았다.

그런데 바로 그때였다.

갑자기 몸속의 피가 멎는 듯했다.

"샘……?"

디노는 포도주 잔 안으로 숨을 토해 내며 중얼거렸다. 그리고는 잔을 조심스럽게 테이블 위에 내려놓았다. 그리고 미처 삼키지 못했던 입 안의 포도주를 꿀꺽 삼키면서 의자 등받이에 비스듬히 기대며 자세를 낮추었다. 물론 테이블 아래로 몸을 숨길 생각은 아니었다.

'여긴 웬일이지?'

디노는 스스로 질문을 던져 보았지만 답을 찾을 수 없었다. 그는 다시 마음을 추스르고는 자세를 고쳐 앉았다. 그리고 그때 화장실에 갔던 미스터 창이 되돌아와 자리에 앉았고, 그의 상체 때문에 샘의 모습을 더 이상 볼 수 없었다.

디노는 평소 아들의 용돈이 얼마인지 알고 있었을 뿐만 아니라, 용돈 중에서 얼마의 돈을 저축하고 있는지도 잘 알고 있었다. 아무리 생각해도 샘의 용돈으로는 이 레스토랑의 비싼 음식값을 지불한다는 게 불가능했다. 게다가 샘은 레스토랑에 혼자서만 온 것이 아니었다. 맞은

편 의자에는 여자친구까지 앉아 있었다.

'저 녀석 머리가 어떻게 된 거 아냐? 당장 가서 녀석을 그냥……'

"뭘 그렇게 열심히 생각하시죠?"

미스터 창이 미소를 지으며 말했다.

"아…… 아닙니다, 미스터 창. 제가 실례를 했군요."

디노는 어색한 분위기를 바꾸어야 한다고 생각했다.

"저어, 미스터 창. 제가 오래 된 이야기를 하나 해드릴까요? 전에 케이크에 쓸 딸기를 수입할 때의 일인데, 지금 생각해도 아주 아찔한 일이었어요. 그러니까 대략 7년 전인데……"

그렇게 말문을 연 디노는 고객과 한참 동안 이야기를 주고받았고, 때로 고개를 끄덕이기도 했다. 그러나 대화 도중에도 샘의 모습을 놓치지 않고 살펴보았다.

그러나 샘은 디노가 우려했던 것과는 전혀 다른 모습을 보여주고 있었다. 값비싼 레스토랑 분위기에 위축되기는커녕 여자친구에게 눈길을 고정시키고는 열심히 음식을 먹고 있었다. 게다가 웨이터가 주방 쪽으로 갔다가 샘의 테이블로 갈 때마다 새로운 메뉴가 추가되고 있었다.

“대체 누가 계산하려고?”

흥분한 디노는 자신도 모르게 머릿속 생각이 입 밖으로 튀어나오고 말았다.

“네? 무슨 말씀이신지…….”

미스터 창이 의아해하며 물었다. 그렇지 않아도 그는 4층짜리 딸기케이크에 관한 디노의 이야기를 제대로 이해하지 못하고 있던 참이었다.

“디노 씨! 어디 불편하세요?”

결국 참지 못한 미스터 창이 디노에게 물었다. 미스터 창으로서는 디노의 행동을 이해할 수 없었던 것이다.

“아, 죄송합니다. 저기에 아는 사람이 있어서 무심코 나온 말입니다. 이해하십시오.”

“네.”

미스터 창은 고개를 끄덕이면서 묘한 웃음을 흘렸다. 하지만 디노는 아직도 뒤쪽 테이블에서 시선을 떼지 못했다. 그는 머릿속으로 샘이 먹은 음식값을 계산하고 있었다.

“저 친구 돈이 많은 모양입니다. 비싼 음식을 저렇게 많이 시키다니.”

디노는 미스터 창을 향해 짧게 말하고는 흘러내린 머리카락을 손가락으로 빗어 올렸다. 그러자 미스터 창이 앞으로 몸을 구부리며 나직이 말했다.

"디노 씨, 친구 분께 신경을 많이 쓰시는군요. 지금 우리가 해야 할 이야기는 그게 아닌 듯싶습니다만."

잠시 후 레스토랑 주인은 샘이 앉아 있는 테이블에서 빈 그릇을 치우기 시작했다.

그리고 잠시 후 은쟁반에 계산서가 올려져 있었다. 미셀레는 카드를 꺼내 계산을 한 뒤 레스토랑을 나갔다. 레스토랑을 나가자 그곳에는 한 중년 남자가 미셀레를 기다리고 있었다는 듯이 미셀레를 향해 두 팔을 벌렸다.

"아빠!"

미셀레가 그를 향해 뛰어가 품에 안겼다.

"미셀레, 여기에 올 거면 미리 말이라도 하지 그랬니. 미리 전화했으면 이 아빠가 계산을 했을 텐데."

"아니에요. 용돈을 어제 받은 걸요."

"그래도 그건 우리 딸에 대한 예의가 아니지."

미셀레 아버지는 입가에 미소를 잃지 않고 미셀레에게 말했다.

“여기엔 무슨 일로 왔니? 아빠가 뭐 도와줄 일이라도
있어?”

미셸레가 장난스럽게 새침스러운 표정을 지으며 말했
다.

“아니에요. 오늘은 아빠 보러 온 게 아니고 남자친구랑
놀러왔어요. 신경 쓰지 않으셔도 돼요.”

“아, 그렇구나. 오늘은 이 아빠도 미셸레와 시간을 갖
지 못하겠는 걸?”

그가 샘을 향해 반갑다는 얼굴을 하며 악수를 권했다.
샘 역시 자그마한 손을 내밀어 악수를 했다.

그 후 크게 미소를 지어 보인 미셸레의 아빠는 미셸레
에게 뭔가 귓속말을 했다. 미셸레는 뭔가 큰 선물이라도
받은 듯이 환한 얼굴을 하고 있었다.

“자, 그럼 우리 딸은 남자친구와 즐거운 데이트를 즐
기렴. 아빠가 말한 건 잊지 말고.”

샘은 미셸레의 아빠와 헤어진 후 미셸레에게 물었다.

“너희 아빠는 여기에서 근무하시나 봐? 그런데 우리가
여기에 온 걸 어떻게 아셨어? 정말 미리 연락을 안 했
니?”

"아빠는 여기 사장님이야. 그래서 직원들이 여기에 온 나를 보고 아빠에게 말했나 봐. 어릴 때부터 종종 이곳에 많이 놀러왔었거든."

샘은 새삼 놀랐다. 미셸레 아버지가 이 큰 K마트의 사장님이라는 사실을 처음 알았기 때문이다. 샘이 다시 호기심 어린 말투로 물었다.

"와, 그럼 너희 아버지는 정말로 부자시구나!"

미셸레가 흐뭇한 표정으로 말했다.

"그럼. 큰 부자지. 게다가 우리 아빠는 나를 너무 사랑하셔. 나는 커서도 우리 아빠 같은 사람이랑 결혼하고 싶어."

"부자인 데다 너를 사랑해주는 남자?"

"응. 그럼, 너는 부자인 여자랑 결혼하고 싶지 않니?"

샘은 아직까지 그런 걸 생각해본 적은 없었다. 하지만 부자랑 결혼해서 나쁠 건 없다는 생각이 들었다. 잠시 뒤 미셸레가 샘을 이끌고 장난감 코너로 갔다.

"샘, 오늘은 내가 너한테 선물 하나 할게. 어떤 게 갖고 싶니?"

장난감 코너에는 늘 광고에서만 봐왔던 크고 비싼 장난감들이 즐비하게 늘어서 있었다. 그중에서도 유독 눈에 띄는 것은 대형 범선이었다. 샘이 가까이 가서 가격표를 보고는 눈이 휘둥그레졌다.

'500 달러?'

샘은 매장 이곳저곳을 기웃거려 봤지만 범선이 가장 마음에 들었다. 샘이 선뜻 범선을 집어 들지 못하고 망설이는 듯한 모습을 보이자 미셸레가 물었다.

"왜, 마음에 안 들어?"

"아니, 그런 건 아니지만 너무 비싸. 무려 500달러나 하잖아."

"괜찮아. 가격에 신경 쓰지 말고 원하는 걸 골라. 사실은 내가 사는 게 아니고 우리 아빠가 사주시는 거야. 네가 갖고 싶은 장난감을 사주라고 하셨거든. 돈은 나중에 아빠가 계산하시니까 우리는 그냥 물건을 들고 가면 돼."

샘은 지나치게 비싼 장난감이라는 생각을 하면서도 한편으로는 그 대형 범선이 꼭 갖고 싶었다. 그러나 샘의 생각에 500달러는 정말이지 너무 큰 돈이었다. 아빠가 늘 사주시는 장난감은 아무리 비싸봐야 100달러짜리 미만이었기 때문이다. 샘이 범선을 집어 들자 미셸레는 얼른 범선을 빼앗아 계산대로 달려가 포장을 해달라고 했다. 계산하는 아주머니도 미셸레를 안다는 듯 반갑게 인사하며 빠른 솜씨로 멋있는 포장을 끝냈다. 미셸레는 멋있게 포장한 범선을 들고 샘을 향해 두 손을 쭉 뻗었다.

"샘, 선물이야!"

"……고마워, 미셸레."

샘이 큰 범선을 들고 마트를 나가려고 할 때 샘은 미셸레의 아빠를 다시 한 번 볼 수 있었다. 직원들에게 뭔가를 열심히 지시하는 모습이 마치 책 속에서만 보아왔던 성공한 부자의 모습을 보는 듯했다. 직원들은 연신 미셸레의 아빠에게 고개를 숙이며 뭔가를 큰 소리로 대답하는 듯 보였지만 미셸레의 아빠는 거만하게 행동하지는 않았다. 뿐만 아니라 입고 있는 옷부터가 일반 사람들과는 사뭇 달라 보였다. 구김이 하나도 없는 깔끔한 양복과 오른쪽 주머니 위에 살짝 보이는 손수건까지. 게다가 반짝거리는 구두는 그가 충분히 이곳 K마트의 사장님이 될 수 있음을 증명하고 있었다.

한참을 그렇게 바라보다 샘이 미셸레를 쳐다보며 말했다.

"미셸레, 너는 저렇게 자상하고 부자인 아빠를 두어서 참 좋겠다."

"무슨 소리야 샘, 세상의 아버지들은 모두 다 자상하셔. 너희 아빠는 그렇지 않니? 그리고 너를 위해서도 열심히 노력을 하시잖아."

"음…… 그, 그렇긴 하지. 우리 아빠도 자상하시고…… 나를 위해서도 많은 노력을……."

샘이 미셸레의 말에 당황스러웠는지 얼른 화제를 다른 곳으로 돌렸다.

"미셸레, 어쨌든 오늘은 너무 고마웠어. 맛있는 음식에 이렇게 선물까지 주고."

"그럼 뭔가 보답이라도 있어야 하지 않겠어?"

"응? 무슨 보답?"

미셸레가 손으로 자신의 뺨을 가리키며 앙증맞게 웃었고 샘은 웃으며 미셸레의 뺨에 짧은 키스를 해주었다.

미셸레와 헤어진 후 집으로 돌아온 샘은 열심히 범선을 조립하기 시작했다. 밑바닥부터 차근차근 만들어 나

가며 혹시나 작은 부품들이 없어지지는 않을까 연신 조심을 했다. 하지만 샘의 머리에서는 미셀레 아버지의 그 열정적이고 당당한 모습이 쉽게 잊히지 않았다.

하지만 샘과 다르게 디노는 여느 때와 마찬가지로 약간 늦은 시간에 집으로 돌아왔다.

"회식이 있어서 술 한잔했어!"

디노는 현관에 들어서면서 당당하게 말했다. 그리고 어김없이 코라와 샘이 그를 기다리고 있었다. 아니, 좀 더 정확히 말하면 금요일 저녁마다 그가 들고 오는 케이크를 기다리고 있었다. 디노는 매주 금요일이면 회사에서 만든 케이크를 집으로 가져오곤 했다. 케이크에 새로 첨가된 과일에 대해서 아내와 아들의 반응을 보기 위해서였다. 새로운 케이크가 개발될 때마다 아내와 아들의 반응은 신제품 결정에 한몫했기 때문이다.

"이번엔 무슨 과일을 넣었죠?"

주방 쪽에 있던 아내 코라는 디노가 구두를 다 벗기도 전에 큰 소리로 물었다.

"복숭아야!"

디노가 대답했다.

"쳇! 배를 넣었어야죠! 거기에, 이번 주 용돈을 절반이나 걸었는데……."

거실에 있던 샘이 툴툴거렸다.

"또 내기를 했단 말이야? 아빠가 전에도 말했잖아, 그런 식으로 돈을 쉽게 벌려고 해선 안 된다고. 열심히 일을 해서 벌 생각을 해야지. 그래야 부자가 될 수 있는 거야."

"아빠처럼요?"

샘이 되물었다. 디노는 아들의 반응에 선뜻 대답할 말을 찾지 못했다.

"왜요? 아빤 부자가 아닌가요?"

샘이 거듭 다그치자 디노는 시치미를 떼고는 재빨리 화제를 돌렸다.

"샘, 그런데 너 오늘 점심시간에 함께 있던 여자아이는 대체 누구냐?"

"그…… 그걸 어떻게 아셨어요?"

"아빠도 그 레스토랑에 있었어."

"아, 그…… 그랬었군요."

"아, 그랬었군요? 어떻게 여자아이한테서 잠시도 눈을

떼지 못하더구나. 그러니 내가 보였을 리가 없지."

샘의 얼굴이 벌겋게 달아올랐다.

"게다가 그 애가 음식값을 모두 계산했지?"

디노는 나직하게 물었다. 주방과 가까운 거실 가장자리에 서 있었기 때문에 코라도 그들이 나누는 이야기를 들을 수 있다고 생각해서였다.

"그 앤 미셸레예요."

샘이 들릴락 말락 작은 목소리로 말했다.

"그 친군 저보다 돈이 많아요. 계산도 그 친구가 했고요. 왜 저보다 돈이 많은지 알고 싶지 않으세요?"

"아니, 알고 싶지 않아. 그 애가 돈이 많은 게 나하고 무슨 상관이란 말이냐?"

"아빠랑 상관이 없다고요? 아빠, 제 말 좀 들어 보세요. 미셸레 아빠가 뭐 하는 사람인지 아세요? 그냥 직장에 다니는 사람이 아니고 그 고급레스토랑이 있는 대형 K마트의 사장이라고요. 그 애 아빠는 성공해서 아주 많은 돈을 벌었어요. 아빤 왜 그 사람처럼 성공하지 못하는 거죠?"

"샘, 용돈이 더 필요하다면 스스로 벌면 되는 거잖니.

네 문제를 아빠한테 떠넘기면 안 되지!"

디노는 목소리에 힘을 실었다.

"알아요! 하지만 제가 알고 싶은 건 아빠와 미셸레 아빠가 왜 이렇게 차이가 나는지, 저는 단지 그 이유가 알고 싶을 뿐이라고요."

"샘! 돈이 인생의 전부는 아니야."

"그것도 알아요. 하지만 돈이 있으면 노예처럼 비굴하게 살지 않아도 돼요. 돈이 많으면 어디에도 얽매이지 않고 자유롭게 살 수 있잖아요. 그리고 자신이 인생에서 중요하다고 생각하는 것을 마음껏 할 수도 있고요. 저는 살기 위해 어쩔 수 없이 일을 해야만 하는 것보다 자신이 하고 싶은 일을 하면서 살아야 된다고 생각해요."

코라는 주방 문 안쪽에 서서 아빠와 아들의 대화를 흥미롭게 듣고 있었다.

디노는 아들의 공세에 점점 수세에 몰리는지 샘의 말을 계속 들을 수밖에 없었다.

"저는 우리 집의 이런 칙칙한 분위기가 정말 맘에 안 들어요. 전 제 인생을 남들 사는 만큼의 수준으로 살고 싶지 않아요. 말이 좋아 남들 사는 만큼 사는 거죠. 그런 말을 듣는 건 아빠가 성공하지 못했다는 말이나 같은 거 아닌가요? 아빠가 제 말을 무시한다면, 결국 아빠의 인생도 칙칙하고 따분한 수준밖에 안 된다고 봐요."

샘은 말을 마치고 입술을 깨물었다. 눈동자는 어느 때보다도 싸늘한 빛을 내뿜고 있었다.

"전 아빠가 그렇게 되도록 그냥 두지 않겠어요. 전 무슨 일이라도 할 각오가 되어 있어요. 절대로 그냥 주저앉지 않을 거라고요. 아빠가 스스로를 변화시키지 못한다면 제가 아빠를 변화시키겠어요!"

주방 문가에서 샘의 말을 듣고 있던 코라는 슬그머니 주방 안으로 들어가버렸다. 그녀는 남편과 아들의 대화에 자신이 끼어들 공간이 없다고 판단했던 것이다.

"샘, 그 얘기는 어제 다 끝난 걸로 알고 있는데…… 아직도 그런 생각을 하고 있구나. 아무튼 오늘은 그만 하고 내일 다시 얘기해보자."

샘은 아무런 대꾸도 하지 않았다. 디노는 샘이 방으로 뛰어 올라가는 모습을 지켜보았다.

"그건 네가 진지하게 생각한다고 해결될 문제가 아니야."

디노의 안타까운 목소리가 샘의 귓가에 들려왔지만,
샘은 뒤도 돌아보지 않고 말없이 방으로 향했다. 평소에
아빠에게 하고 싶었던 말을 다 쏟아냈기 때문이다.

아빠! 부자가 되고 싶지 않으세요?

다음 날인 휴일 아침 샘은 늦잠을 잤다. 어젯밤 늦게까지 범선을 조립하느라 새벽에서야 잠이 들었기 때문이다. 코라도 휴일만큼은 샘이 늦잠을 자도 잔소리를 하지 않았다. 그런데 그날만큼은 거실이 뭔가로 분주한 듯했다. 샘이 밖으로 나가자 아버지 디노는 약간 여유 있는 모습으로 출근 준비를 하고 있었다.

"아빠, 오늘 휴일인데 어디 가세요?"

"이 아빠에게 휴일이 어디 있니. 회사에 가서 열심히 일해야지. 다 너와 너의 엄마를 위해서란다. 이 아빤 쉬지도 않고 일을 한단 말이다."

코라가 새 와이셔츠를 다리면서 약간은 불만이 섞인
어투로 말했다.

"하지만 일요일까지 사장의 개인적인 일까지 뒤치다
꺼리하는 건 좀 너무 하지 않아요?"

디노가 순간 눈을 동그랗게 뜨면서 코라를 쳐다봤다.

"여보, 무슨 말을 그렇게 해? 뒤치다꺼리라니? 이건
엄연히 회사일이라구. 사장의 일이 곧 회사의 일이야."

샘은 단번에 엄마와 아빠의 대화가 무엇을 의미하는지
알아차렸다. 그러니까 아빠 디노는 직접적인 회사 일과
는 상관없는 사장 개인의 일을 하기 위해 어쩔 수 없이
휴일에도 출근을 하는 것이고, 코라는 쉬지 못하는 남편
를 보고는 안타까워서 한마디하는 중이었다. 샘은 다시
며칠 전에 아빠와 회사에 갔던 일이 떠올랐다. 사장에게
꼼짝하지 못하며 아무 말도 하지 못하던 아빠의 모습
이……. 그리고 이내 샘은 뭔가를 단단히 결심했다는 듯
한 표정을 지었다.

그날 저녁, 샘은 아빠가 집으로 빨리 들어오기를 목을
빼고 기다렸다. 그런데 저녁때 돌아온 아빠의 모습이 무

척이나 피곤해 보였다. 하지만 샘은 그것 때문에 마음이 약해져서는 안 된다고 속으로 되뇌었다. 이런 샘의 마음을 모르는 디노는 옷을 벗고 손발을 씻은 다음 저녁을 먹기 전에 잠시 텔레비전를 켰다. 디노는 일요일에 즐겨보는 오락 프로그램에 채널을 고정시키고 보고 있었다. 그런데 샘이 디노 옆에 앉아 리모컨으로 채널을 돌리기 시작했다. 텔레비전에서는 최근 주식 상장을 통해 큰돈을 벌어들인 한 주유소 사장의 이야기가 흘러나왔다.

"샘, 이게 무슨 버릇이니. 지금 아빠가 쉬면서 텔레비전를 보고 있잖니."

샘은 아빠의 그런 말을 듣지 못했다는 듯 말했다.

"아빠……."

샘이 눈을 텔레비전에 고정시키면서 아빠를 불렀다. 디노는 갑작스레 목소리 톤이 낮아진 샘의 모습에 궁금증이 생겼다.

"왜?"

"아빠는 저 텔레비전 속의 사람처럼 부자가 되고 싶지 않으세요?"

"샘, 또 그 부자에 대한 이야기니? 이 아빠는 분명히 충분히 여유 있게 살고 있어. 그건 너도 마찬가지고 네 엄마도 인정하잖니. 부자는 자신이 되고 싶다고 되는 게 아니야…… 음. 그러니까 하늘에서 내려준다고나 할까.”

“그럼 아빠가 부자가 되기 싫으신 거예요? 아니면 부자가 되지 못해 핑계를 대고 계신 거예요? 전 아빠가 남들 아빠처럼 큰돈을 버는 부자가 됐으면 해요.”

“샘, 부자라고 무조건 좋은 건 아니란다. 큰돈을 벌면 세금도 많이 내야 되고 그 돈을 지키기 위해서 끊임없이 불안해할 수밖에 없지. 우리처럼 평범하지만 행복하게 사는 것도 결코 나쁘지 않아.”

“하지만 아빠, 평범하게 사는 것과 비전 없이 사는 건 똑같지 않아요. 제가 보는 아빠의 모습은 그저 아무 생각 없이 하루하루 살아가는 사람과 비슷해요. 많은 성공한 사람들은 늘 더 나은 모습으로 변화하기 위해 노력해왔어요. 그러나 아빠는 그런 모습을 전혀 보이시지 않잖아요?”

디노는 샘의 갑작스러운 공격에 당황할 수밖에 없었다. 코라가 저녁을 다 차렸으니 식사를 하라고 소리를 쳤지만 그 소리도 들리지 않을 정도였다. 샘이 다시 디노를 바라보면서 눈을 크게 떴다.

"아빠, 저번에도 말씀드렸지만 제가 아빠를 트레이닝 해볼게요. 물론 아빠가 들으실 때는 우습고 이상할지도 모르지만, 최소한 아빠의 모습이 지금보다는 훨씬 나아질 수 있을 거라고 확신해요."

디노가 어서 이 자리를 벗어나려는 듯 약간은 신경질적인 태도로 말했다.

"그래, 네 마음대로 해라. 이 아빠가 부자가 아니라는 것이 못마땅하다면 이 아빠도 너에게 못마땅한 것이 많다. 말을 하지 않았을 뿐이지. 우린 서로에 대해서 잘 모르는 것 같구나."

코라가 불러도 대답 없는 디노를 향해 다가가자, 그제야 디노는 자리에서 일어나 식탁으로 향했다. 그리고 샘은 밥도 먹지 않고 자신의 방으로 들어가더니 책상 위에 쌓여 있던 책들을 살펴보며 하나씩 분류하기 시작했다.

그러더니 디노가 식사를 마치고 다시 거실의 소파에 앉자 샘은 작은 몸으로 7권의 책을 무겁게 들고 오더니 쿵, 하고 바닥에 내려놓는 것이 아닌가.

"아빠, 제가 책에서 읽은 건데요. 사람이 변하려면 제일 먼저 책을 많이 읽어야 한데요. 아빠도 이 책들을 읽어보시는 건 어때요. 아들인 저도 다 읽은 책이니까 아빠도 충분히 읽을 수 있을 거예요.”

샘이 그냥 지나가는 말로 그렇게 말한 줄 알았던 디노는 이렇게까지 행동하자 당황하는 기색이 역력했다. 책이라면 최근 5년 동안 1권도 제대로 읽지 않은 디노였다. 디노는 갑자기 일어서더니 코라에게 달려갔다.

“여보, 샘에게 무슨 일이 있었던 거야? 도대체 샘이 왜 저러는 거지?”

샘은 어렴풋이 디노와 코라가 나누는 대화를 들을 수 있었다. 코라의 대답은 약간은 장난기 어린 목소리였다.

“글쎄요. 저도 잘 모르죠. 아마도 아빠한테 불만이 아주 많은가 보죠. 어제 친구의 아빠가 선물로 큰 범선을 사주었다고 하는데, 매일매일 그런 비싼 선물을 아빠한테 받고 싶은가 봐요.”

잠시 뭔가를 생각하는 듯하던 디노가 갑자기 큰 소리로 웃으며 샘에게 다가왔다.

“하하, 샘. 그런 정도의 장난감이라면 얼마든지 이 아빠도 사줄 수 있단다. 아직은 네가 어려서 그런가본데,

그 정도의 장난감은 큰 부자가 되지 않아도 돼. 걱정 마라, 샘. 아빠가 너에게 신경을 많이 써주지 못해서 미안하단다.”

디노는 샘의 이 모든 행동이 그저 어린아이의 치기 어린 행동인 줄만 생각했던 것이다. 그리고 그것도 친구 아빠가 좋은 장난감을 사주었기 때문에 생긴 아들의 순간적인 질투 때문인 것으로 여겼다. 디노는 다시 텔레비전 오락프로그램을 보기 위해 리모컨을 집어 들었다.

“저는 아빠가 계속해서 이런 식으로 사는 것에 불만이 많아요. 언제까지 이렇게 하루하루 변함없이 지루하게 살아가실 거예요? 세상에 성공을 해서 부자가 된 수많은 사람처럼 아빠도 그렇게 되고 싶지 않으세요?”

디노가 자못 차분한 어투로 이야기를 시작했다.

“샘, 걱정 말거라. 아빠는 곧 회사의 부사장이 될지도 몰라. 그리고 그렇게 하기 위해서 휴일에도 열심히 일하잖니. 부사장이 되면 월급도 많아지고 아빠를 존경하는 사람도 많아질 거다. 그러면 너에게도 더 좋은 장난감을 사줄 수 있어.”

“아빠, 지금 장난감이 문제가 아니잖아요. 저는 성공

한 아빠의 모습을 보고 싶단 말이에요."

"샘, 꼭 부자가 되는 것 자체가 중요한 건 아니란다. 아빠는 케이크에 관해 누구보다도 강한 프로정신을 가지고 있고 열심히 일하고 있어. 그것으로 충분하단다. 아빠는 누구보다 성실하게 생활을 해왔어. 이제 제발 아빠에게 부자가 되라고 다그치지 말아다오. 네가 학교를 가지 못할 정도로 가난한 것도 아니고, 저녁을 굶어서 먹지 못할 정도로 돈이 없는 것도 아니잖니!"

샘과 디노는 더 이상 서로의 이견을 좁히지 못했다. 샘은 샘대로 아버지가 성공한 부자가 되어 자신의 삶을 개척하길 바랐지만, 디노에게 그런 주문은 그저 불만에서 비롯된 소견에 불과했다.

그렇게 샘과 디노는 한바탕 말싸움을 끝냈다.

하지만 아직도 뭔가 개운하지 않은 샘은 그날 밤, 혹시나 하는 생각에 아빠가 거실에 있는 책을 읽는지 살펴봤다. 하지만 디노는 저녁 늦게까지 텔레비전리모컨을 붙잡고 있었을 뿐, 책에는 눈길조차 제대로 주지 않았다. 샘의 눈빛은 아빠에 대한 실망감으로 가득했다.

월요일 아침, 디노는 사무실로 출근하지 않고 스튜디오로 향했다. 새로 개발한 케이크의 광고사진촬영 때문이었다. 어제 시간이 없어 스튜디오에 들르지 못한 것이 못내 마음에 걸렸던 디노는 세트장에 놓여 있는 케이크를 보는 순간 마음이 편해지는 걸 느꼈다. 새로 개발한 상품이 버찌크림 케이크였는데 고객들에게 좋은 반응을 얻을 것이라 기대하는 케이크였기 때문이다. 디노를 비롯한 회사 경영팀원 모두가 이번 제품이야말로 그동안 개발해 온 케이크 중에서 최고 수준이라고 생각했다. 때문에 디노는 버찌크림 케이크를 전보다 훨씬 높은 가격으로 출고할 생각이었다.

커다란 스튜디오 한쪽 구석에서 직원들과 촬영팀이 작업에 앞서서 열띤 토론을 벌이고 있었다. 그들의 분위기를 방해하고 싶지 않은 디노는 멀리 떨어져서 그들의 대화 모습을 조용히 지켜보다가, 촬영을 위해 준비되어 있는 세트장을 둘러보며 여러 개의 버찌 크림 케이크가 놓인 탁자 가까이에 다가섰다. 그리고 그중 하나를 손가락으로 살짝 찍어 크림을 맛보았다.

그런데 뭔가가 이상했는지 디노는 고개를 약간 갸우뚱거렸다. 다시 디노는 집게손가락과 가운뎃손가락을 케이크에 깊숙이 찔러 넣어 본격적으로 다시 맛을 보았다. 기대했던 것과는 다른 맛이었다. 화가 난 디노는 황급히 고개를 돌려 소리쳤다.

"스튜어트!"

스튜어트는 다른 사람들과 대화를 나누고 있었다.

"스튜어트! 이리 좀 와 봐!"

디노가 다시 소리쳤다. 스튜어트는 상사의 호령에 놀라 촬영 세트로 달려왔다.

"이게 우리가 개발한 버찌크림 케이크 맞나?"

디노는 손가락으로 케이크를 가리키며 물었다.

"아뇨, 아닙니다. 하지만 모양은 똑같습니다."

"그렇다면 진짜 버찌크림 케이크가 아니란 말이지?"

"예, 그렇지만 모양은 똑같습니다."

"모양이 똑같다고? 자네 지금 내가 하는 말 똑똑히 들어둬. 두 번 다시 반복하지 않을 테니까! 우린 최고 품질의 케이크를 팔아야 해. 알겠나? 뉴질랜드, 호주, 홍콩에서 최고의 케이크를 팔아야 한단 말이야."

“하지만 부장님, 이건 판매용이 아니라 단지 사진용 케이크일 뿐입니다.”

“무슨 소릴 하는 거야. 이건 그냥 사진용이라고? 이건 우리 제품인 버찌크림 케이크 사진이란 말이야. 우리 버찌크림 케이크는 모든 게 진짜여야만 돼. 아무리 겉모습만 볼 수 있는 사진이래도 예외는 아니야. 알겠나?”

“하지만 그 맛은 눈으로 보이는 게 아니지 않습니까?”

“그런가? 자네 이 케이크를 한번 자세히 들여다봐!”

“아무것도 안 보이는데요?”

“더 가까이 와서 자세히 보란 말이야!”

스튜어트는 케이크가 놓인 탁자로 다가가 몸을 굽혔다. 그러자 디노는 케이크의 가장자리를 손가락으로 가리켰고, 스튜어트는 상사의 손가락 끝을 따라잡기 위해 더욱더 케이크 가까이로 몸을 굽혔다.

그때였다. 디노는 스튜어트의 목덜미를 위에서 붙잡고는 케이크에다 머리를 박아버리고 말았다.

“이젠 다르다는 걸 좀 알겠나?”

디노가 성난 목소리로 물었다. 그리고는 주위를 둘러보며 스튜디오 안에 있는 사람들이 다 들을 수 있도록 소리쳤다.

"당장 이거 찍은 필름 갖고 와!"

콧수염을 길게 기른 사진기사가 그에게 필름통을 건네주었다.

디노는 필름통을 받자마자 필름을 잡아 빼내 촬영 세트장 한쪽 구석에 물이 가득 담긴 양동이 속에 필름을 내동댕이쳤다. 그는 모두 일곱 개의 필름통을 같은 식으로 폐기시켜버렸다.

"당신들 이런 식으로 하다간 해고당할 각오해!"

디노가 소리쳤다.

"한 번 더 기회를 주겠소. 내일, 처음부터 다시 시작하도록 하시오. 이번엔 진짜 케이크를 써요. 그렇게 하면 당신들도 그 사진이 맘에 들 거요."

디노가 그날 아침 광고 필름문제로 직원과 싸우고 있을 때, 샘은 여자친구 미셸레를 만나고 있었다. 늘 쾌활

한 미셸레가 샘에게 물었다.

"샘, 범선은 다 조립했니?"

"응, 일요일에 많이 했는데 아직도 더 해야 돼. 그런데 말이야……."

"응, 뭐?"

"범선을 조립하는 일보다 좀 더 급한 일이 생겼어…… 그건 우리 아버지를 바꾸는 일인데, 쉽지가 않아."

"아버지를 바꾼다고? 샘 네가?"

"왜 이상하게 들리니? 하지만 우리 아빠는 네가 생각하는 것보다, 아니 너희 아버지보다 그렇게 부자이지도 못하고 나를 위해서 자상하게 시간을 많이 내주지도 못하셔. 매일 아침 직장에 나가서 일을 한 뒤 저녁때는 녹초가 되어 집으로 돌아오고 그런 후에는 또다시 반복된 하루가 시작되지. 나는 그런 아빠를 바꿔보고 싶어. 지금보다 훨씬 당당하고 자신감 있는 부자 아빠로 만들고 싶단 말이야."

"와, 샘. 정말 대단한 계획이다. 난 네가 그렇게까지 깊은 생각을 하는 줄은 정말 몰랐어!"

"하지만 쉬운 일은 아니야. 아빠와 이야기를 해봤지만

아빠는 늘 내가 어리다고 무시만 하시거든.”

미셀레의 얼굴에는 자신의 남자친구에 대한 흐뭇함이 배어 있는 듯했다.

“샘, 내가 뭐 도와줄 일은 없니?”

“그래서 내가 생각한 건데 말이야…… 너희 아버지를 좀 만나게 해줘.”

“응? 우리 아버지? 왜?”

“사실 내가 책을 통해서 많은 것을 배우기는 했지만 내 생각만 가지고 아버지를 변화시키기에는 역부족인 게 사실이야. 내가 부자가 되어 본 적도 없잖아…… 그래서 너희 아버지를 만나 진정한 성공의 비결을 듣고 싶어. 또 내가 어떻게 아빠를 변화시킬 수 있는지도 알고 싶고. 가능하겠니?”

“오, 샘. 그런 거라면 걱정 마. 내가 충분히 해줄 수 있어.”

5

제가 아빠를 부자로 만들어 드릴게요

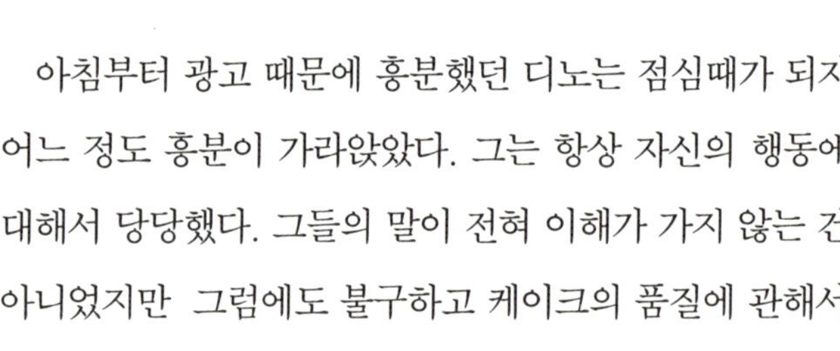

　아침부터 광고 때문에 흥분했던 디노는 점심때가 되자 어느 정도 흥분이 가라앉았다. 그는 항상 자신의 행동에 대해서 당당했다. 그들의 말이 전혀 이해가 가지 않는 건 아니었지만 그럼에도 불구하고 케이크의 품질에 관해서는 그 어떤 타협도 있을 수 없다는 것에는 한결같았다.

　디노는 다시 회사로 향했다. 신제품 출시를 본격적으로 앞둔 상태이기 때문에 다시 한 번 마케팅과 홍보와 관련해 정리할 일이 있기 때문이다. 그런데 이상하게도 회사에 들어가 자리에 앉자 동료들이 한쪽에서 서서 수군거리는 것이 아닌가. 디노는 혼자 속으로 생각했다.

'도대체 왜들 저러는 거야? 다들 일이나 열심히 할 것이지. 저따위로 일을 하니까 하다못해 사진 찍는 친구들마저 우리를 하찮게 보는 거 아니야?'

그때 부하직원 캐런이 다가와 디노에게 말을 걸었다.

"혹시 그 이야기 들으셨어요?"

"뭐? 무슨 이야기?"

캐런의 약간은 심각한 어투에 디노 역시 호기심이 생기지 않을 수 없었다.

"왜, 그간에 구조조정 이야기가 있었잖아요?"

"아…… 그건 벌써 몇 개월 전부터 있었던 이야기잖아. 흐지부지된 것이 아니었나?"

"저희들도 다들 그런 줄 알았죠. 그런데 내일 발표가 있다는 겁니다."

디노는 애써 태연한 표정을 지었다. 물론 이제까지 단 한 번도 구조조정의 대상이 된다는 생각을 해보지는 않았지만 언제나 불안한 것은 사실이었다. 아무리 일을 열심히 한 직원도 한순간에 잘리는 것을 지난 20여 년간의 직장생활을 통해서 봐왔기 때문이다. 디노는 진심과는 다르게 아무렇지도 않다는 듯이 이야기를 했다.

"열심히 일한 사람은 살아남고 그렇지 않은 사람은 잘리는 거 아니야?"

상사의 너무나 당연한 말을 들은 캐런은 눈동자를 천장으로 향했고 잠시 무슨 생각이라도 하는 듯한 표정을 지은 후, 고개를 끄덕이며 자리로 돌아갔다.

집으로 돌아온 디노는 회사의 구조조정 문제가 못내 계속 가슴에 걸렸다. 어두운 표정으로 있자, 아내 코라가 눈치를 보다 못해 끝내 입을 뗐다.

"여보, 회사에서 오늘 무슨 일 있었어요? 왜 그렇게 표정이 안 좋아요?"

"음…… 아니…… 별일은 없어. 나랑은 상관없는 일이야."

"그래도 무슨 일인지 말씀 좀 해주세요. 당신 표정이 무척 안 좋아요."

"내일 구조조정 발표가 있다나 봐. 하지만 당신도 알

듯이 말이야……!"

디노의 입술에 약간의 힘이 들어갔다.

"당신도 알듯이…… 나는 아무런 문제도 없을 거야. 암, 그렇지. 내가 회사를 위해서 얼마나 열심히 일했는데. 그렇지 않아, 여보?"

코라는 약간 안심이 된 듯한 표정을 지으며 말했다.

"그럼요. 무슨 말씀을요. 당신은 절대 그렇게 될 리가 없죠. 휴일에도 사장의 사적인 일을 하는 충성스러운 부하직원이 어디 그렇게 많은가요?"

"음. 그럼…… 그럼……."

하지만 디노는 속으로 한 가지 마음에 걸리는 일이 있었다. 다름이 아니라 아들 샘과 함께 회사를 갔을 때 사장과 있었던 약간의 언쟁이다. 디노는 무척이나 후회를 했지만 이미 지나간 일이었고, 더불어 '그런 일쯤이야' 하고 억지로 마음속으로 억누르고 있었다.

집으로 돌아온 샘은 문을 열고 거실로 들어갈 때 디노와 코라가 나누는 이야기를 우연치 않게 엿들었다. 바로 내일, 아버지 회사에서 구조조정 명단이 발표된다는 이야기였다. 디노는 잘리지 않을 거라고 자신 있게 말했지만 사실 샘은 아버지의 말이 사실이 아니라는 것을 알고 있었다. 샘이 아빠와 함께 회사에 가서 들었던 이야기만을 통해서도 샘은 디노가 충분히 회사에서 실력을 인정받지 못하고 오히려 해고 직전이라는 사실을 알고 있었다.

샘이 신발을 벗고 서둘러 거실로 가서 디노와 코라의 말에 끼어들었다.

"아빠, 그렇게 불안해하지 마시고, 그냥 당당히 사표를 내시는 게 어때요?"

갑작스러운 샘의 등장과 생각지 못했던 말 때문에 디노와 코라는 두 눈이 휘둥그레졌다. 코라는 아버지에게 사표를 내라고 말하는 샘의 행동이 심각하게 무례하다고 생각했다.

"샘, 너…… 너, 도대체 그게 무슨 말이니! 그게 아들이 아버지에게 할 소리니? 너는 도대체 무슨 생각을 하고 있는 거야? 그러면, 아빠가 회사를 그만두면 우리는 어떻게 살아가라는 소리야?"

이번에는 오히려 디노가 코라를 말렸다. 하지만 샘을 비꼬는 듯한 어투가 역력했다.

"요즘 샘은 아빠가 잘못되기를 아주 바라고 있잖아. 아빠가 망하는 게 부자가 되는 지름길이라도 되는 걸로 아는 모양이지."

"아빠, 그렇게 회사에서 잘리지 말고 이제 당당히 새로운 사업을 시작해서 아빠만의 성공의 길을 개척해봐요. 제가 옆에서 도와드린다고 했잖아요."

또다시 코라가 나섰다.

"샘, 너는 아직 어린아이야. 네가 어떻게 아빠를 도와줄 것이며, 어떻게 아빠가 부자가 될 수 있도록 한단 말이니!"

샘은 더 이상 아무 말도 할 수 없었다. 코라의 언성이 상당히 높아졌기 때문이다. 거기다가 자신이 생각해도 아빠가 회사에서 잘리면 엄마나 아빠의 마음이 분명 좋지 않은 일임에는 틀림없었다.

다음 날 아침, 디노는 어제 있었던 광고 사진 문제 때

문에 9시 정각에 다시 촬영 스튜디오에 도착했다. 스튜디오에는 놀랍게도 사장이 먼저 와 있었다.

"아니, 사장님께서 여긴 웬일이십니까?"

"디노, 자네가 어제 필름을 몽땅 망가뜨렸다면서? 꼬박 이틀 동안 작업한 걸 모두 날려버렸다지? 자네가 무슨 권한으로 만 달러를 순식간에 쓰레기통에 처박아버린 건가."

"사장님, 품질은 품질입니다. 거기엔 어떤 편법도 있을 수 없습니다."

"케이크가 아니라 난 사진을 말하고 있어! 사진을 보고 누가 케이크가 진짜인지 가짜인지 알 수 있나? 사진은 그냥 진짜처럼 보이게 하면 되는 거야."

사장의 말에 디노는 여전히 같은 대답만을 되풀이할 뿐이었다.

"그래도 품질은 품질입니다. 거기엔 결코 어떤 편법도 있을 수 없습니다."

"정말 자네 왜 이러나. 우릴 모두 얼간이로 보는 건가? 아무리 참으려고 해도 참을 수가 없구먼. 자네 맘대로 하게. 대신 이 회사를 떠난 다음에! 자넨 해고야! 어서 꺼져! 꼴도 보기 싫으니깐!”

디노는 순간 충격에 휩싸였다. 한순간에 자신을 해고한 사장에 대해 배신감도 느꼈다. 하지만 사장이 그냥 화가 나서 한 말이겠거니 하고 생각하면서 마음을 다잡고 이야기했다.

“사장님, 아무리 화가 나셔도 그렇지, 그렇게까지 이야기하실 필요가 있습니까.”

사장은 디노의 말을 듣고는 오히려 더 언성을 높였다.

“이보게, 자네! 내가 지금 자네와 장난을 하는 것처럼 보이는가. 자네가 어제 광고 필름을 가지고 무슨 짓을 했는지 아직도 모른단 말인가? 다시 한 번 말하지만, 자넨 해고야! 내일부터 더 이상 회사에 나올 필요가 없단 말일세!”

디노는 그 자리에 함께 있던 다른 사람들 때문에라도 더 이상 그 자리에 있을 수가 없었다. 조용히 몸을 돌려 건물을 빠져나온 디노는 차 안에서 가만히 앉아 있었다. 디노와는 다르게 거리에는 여전히 사람들이 여전히 빠른 걸음으로 걷고 있었다. 이제 내일부터는 회사를 출근하지 않아도 된다는 이 놀라운 사실이 디노에게는 전혀 실

감나지 않았다. 그렇게 디노가 차 안에서 가만히 아무 말 없이 앉아 있던 시간은 무려 2시간이 넘었다.

그날 저녁, 집안 분위기는 엉망이 되고 말았다.

"여보, 아무리 그래도 그렇지 어떻게 이렇게 갑자기 해고를 당할 수 있죠? 설마 샘의 말을 듣고 일부러 사표를 내신 건 아니에요?"

디노는 코라의 질문에 아무런 대답도 할 수 없었다.

"서, 설마……."

코라는 그 자신도 남편의 실직을 받아들이지 못하는지 흥분하며 계속 다그치기 시작했다.

"아니, 설마리니요! 마치 지금 당신은 다른 사람 이야기를 하는 거 같아요. 이건 우리 가정에 닥친 큰 위기라구요. 아니, 아니에요. 사장이 그냥 해본 말일 수도 있으니까 지금이라도 당장 전화를 걸어서 사과를 하거나, 아니면 다른 뭔가라도 해보세요!"

하지만 디노는 사장에게 당한 치욕을 다시는 맛보고 싶지 않았다. 여기에서 그만 하고 싶었다. 비굴하게 직장을 구걸하긴 싫었다. 아내의 흥분도 이해 못하는 바는 아니었지만 그 역시 남자의 자존심에 큰 상처였다. 디노는

현재 자신이 아무것도 할 수 없다는 것이 답답했고, 그저 이 순간이 빨리 지나가기만을 기다릴 수밖에 없었다.

샘 역시 아빠의 실직에 대해서 이러쿵저러쿵 말을 하기 힘들었다. 속으로는 아빠에게 새로운 기회가 있을 거라고 말하고 싶었지만, 오히려 불에 기름을 붙는 격이 될지도 몰라 가만히 있었다.

거실에는 텔레비전 소리만이 울려 퍼졌고 코라도 혼자 분을 삭이는 듯 굳게 입을 다물고 있어 집 안은 조용했다.

샘은 조용히 한쪽으로 가서 수화기를 들고 미셀레에게 전화를 걸었다.

"음. 미셀레. 내가 저번에 부탁한 거 있지? 가능해?"

샘은 미셀레와 통화하면서 고개를 끄덕인 후, 얼마 지나지 않아 전화를 끊었다.

다음 날 아침은 마침내 디노의 새로운 인생이 시작되는 첫날이었다. 그는 잠을 이룰 수가 없어 밤새 뒤척이다가 결국은 오후 두 시가 되어서야 침대를 벗어났다. 평소에는 상상도 할 수 없는 일이었다.

디노 자신도 믿기 어렵다는 듯 시계를 다시 확인해 보았지만, 늦게 일어난다고 해서 문제가 될 건 하나도 없었다. 그의 아침 스케줄은 이제 아무 의미가 없다. 그는 더 이상 직장에 얽매이지 않아도 되는 자유로운 사람이었다.

하루도 빠지지 않고 스트레스를 주던 사장도 없고 그를 짜증나게 했던 무능력한 부하직원들도 없었다. 디노는 아내의 걱정이 담긴 잔소리만 없다면 천국이나 다름없는 생활이라고 생각했다.

행동 역시 느림보처럼 변하기 시작했고, 마치 시계추처럼 정확한 시간에 양복을 입고 정확한 시간에 집을 나서던 그였지만, 아무런 계획도 없는 상황이 되자 마치 무기력증에 빠진 사람처럼 모든 행동에 활기가 없어졌다. 디노가 무표정하게 늦은 샤워를 마치고 나오자 아내는 약간 상기된 듯한 얼굴로 소파에 앉아 있었다. 그리고는 디노와 눈이 마주치자, 마치 어젯밤 많은 생각이라도 한 듯이 무거운 입을 뗐다.

"여보, 생각해보니 제가 어제 당신에게 너무 심하게 말을 한 것 같아요. 사람이 살다보면 누구나 한번쯤 닥치는 위기는 있는 법인데…… 그리고 당신은 젊었을 때부터 이제까지 그 회사에서 충성을 다했어요. 다시 생각해 보니 이제는 한 번쯤 직장을 바꿀 만도 하다는 생각도 들어요."

아내의 위로에 디노는 가벼운 용기를 얻었는지 아내의 말을 이어갔다.

"음…… 맞아. 그렇지 않아도 나도 그런 생각을 했었어. 그간 너무 정신없이 앞만 보고 달려온 것 같아. 이제는 새로운 직장을 얻어서 새롭게 출발해야지."

디노는 아내의 위로에 걸맞은 자신의 의지를 밝히기는 했지만 그래도 역시 변할 수 없는 건 자신이 가족을 부양해야 한다는 사실이었다. 하지만 지금 할 수 있는 것이라고는 빈둥거리는 일뿐, 무엇을 계획해야 할지 아무것도 떠오르지 않았다. 오로지 새로운 직장을 얻어야 한다는 생각뿐이었지만 실직의 충격은 쉽게 극복될 수 있는 것이 아니었다.

아침 일찍 학교에 갔던 샘은 그날따라 예정된 시간보다 훨씬 일찍 집으로 돌아왔다. 코라가 이상해서 물었다.

"샘, 오늘은 학교가 왜 이렇게 일찍 끝났니?"

"미안해요. 엄마, 오늘은 학교를 가지 않았어요."

"뭐라고? 그럼 넌 도대체 아침에 어딜 간 거야?"

"그냥, 좀 만날 사람이 있어서요…… 아빠의 미래에 대해서 상의할 사람이 있어서요."

그때 듣고 있던 디노가 웃음을 터뜨렸다.

"내 미래에 대해 상의할 사람이 있다구? 도대체 누구니? 외계인 친구라도 있는 거니?"

샘과 같은 어린아이가 아빠에 대해 누군가와 상의를 했다는 점이 디노로서는 도저히 믿어지지 않았다.

"여하튼, 그런 게 있어요. 아빠!"

그런 후 샘은 가방을 풀고는 방에다 던져 놓고 거실에서 무슨 작업을 하는 듯했다. 자못 심각한 표정으로 종이에 뭔가를 쓰고 있었다.

"뭘 하는 거냐?"

디노가 물었다.

"아빠의 새로운 인생에 관한 거예요."

"나의 새로운 인생? 내 인생 계획을 네가? 어떻게? 나도 아직 어떻게 해야 할지 모르겠는데, 네가 내 인생 계획을 세우고 있다고?"

"전 아빠를 부자로 만들기 위한 계획을 갖고 있어요."

디노는 또다시 어이가 없다는 듯이 웃음을 터뜨렸다.

"이 아빠를 부자로 만들기 위해…… 여하튼 고맙다."

샘은 아무런 대꾸도 하지 않고 하던 일을 계속했다. 그러자 아들의 말을 되새기고 있던 디노는 더욱더 큰 소리로 웃었다.

"아빠! 외출 준비하세요!"

샘이 명령하듯 단호한 목소리로 말했다. 순간 디노는 흠칫 놀라는 표정을 지으며 샘을 물끄러미 바라보았다.

"외출 준비하시라고요! 오늘은 아빠에겐 중요한 날이에요. 대단한 사업가로 다시 태어날 거예요."

디노는 여전히 어리벙벙한 표정이었지만 약간은 미소를 짓고 있었다. 그는 두 손으로 자신의 머리통을 감싸 쥐며 생각했다.

'아직 머리가 몸통에 붙어 있군.'

그는 다시 한 번 샘을 향해 미소를 지어 보았지만, 샘은 강력한 의지가 담긴 표정으로 디노를 바라보았다. 샘의 얼굴은 마치 '고집부리지 말고 제 말대로 하세요'라고 말하는 듯했다. 곧 디노는 아들의 요구에 응할 수밖에 없음을 깨달았다.

5분 정도 지난 후 디노는 식탁에 앉아 뒤늦은 점심식사를 했다.

"그게 대체 무슨 말이냐?"

디노가 샘에게 물었다.

"뭐가요?"

"그러니깐 네가 말한 거 말이다. 새로운 인간인가, 진정한 직장인인가 하는 거 말이다."

"아직 정확하게 말씀드리긴 힘들어요. 하지만 분명히 방법이 있으니 걱정 마세요."

"글쎄, 그게 도대체 뭐냐니간?"

"우선 밖으로 나가요. 아빠를 굉장한 사업가나 상당한 부자로 만들어줄 방법이 있어요."

"그냥 무작정 나간다고?"

샘은 재미있는 계획이 있다는 듯 혼자 웃었다.

정말 우리 아빠 맞아?

'먼저 시내로 가서 퀸스트리트 근처에 주차 하세요."

디노와 샘은 무작정 집을 나섰다. 운이 좋게도 길이 전혀 막히지 않았다. 만약 한 시간만 늦게 나왔다면 퇴근시간과 맞물려 도로 위에서 시간을 다 보냈을 것이다.

디노는 퀸스트리트 끝에 있는 주차장 건물로 들어가 6층에 차를 세웠다. 주차공간을 찾기 어려웠기 때문에 계속 올라가야만 했다. 주차장 건물은 다리를 통해 쇼핑센터와 직접 연결되어 있어, 많은 관광객들이 퀸스트리트에 늘어선 상점을 들락거리며 쇼핑을 할 수 있었다.

"이곳은 갈수록 중국 사람들이 운영하는 가게가 늘어

나고 있어."

디노는 마음에 들지 않는다는 듯 투덜거리며 말했다.

"아빠 왜 여기에 가게를 차리지 않았죠?"

디노는 샘의 질문이 너무나 엉뚱하게 들려 아무런 대답도 하지 않았다.

"왜죠?"

샘이 걸음을 멈추고 다시 물었다.

"왜냐고? 난 초콜릿이나 생선 따위를 파는 장사꾼이 아니야. 난 전문가라고. 난 대학에서 공부를 마친 전문가란 말이다. 알겠니? 난 장사하는 사람들에게 자문을 해 줄 수는 있지만 내가 직접 가게를 열지는 않아. 왜냐면 난 장사꾼이 아니니까."

"말씀 다 하신 거예요?"

"아니, 아직 다 말하진 않았지만, 그런 애길 하려고 여기 온 건 아니니까 그쯤 해두자."

샘은 다시 발걸음을 떼었고, 디노 또한 샘의 뒤를 따랐다.

그리고 쇼핑센터의 출구 쪽에는 늘 그랬듯이 거리의 음악가들이 악기를 연주하며 관광객들로부터 동전을 구걸하고 있었다.

신호등이 녹색으로 바뀌자 디노와 샘은 길을 건넜다. 횡단보도는 십자가 형태여서 녹색 신호등에서는 모든 차들이 동시에 정지하기 때문에 대각선으로 길을 건널 수 있었다.

관광객들은 십자가형 신호등이 매우 신기한 표정이었다. 아마도 그들 나라에서는 볼 수 없는 광경이기 때문일 것이다. 관광객의 대부분은 사람들이 걸어 다니는 보도에서도 차이를 드러낸다. 그들은 좌측통행보다 우측통행에 익숙했다. 그래서 관광객들은 곧잘 맞은편에서 걸어오는 보행자와 맞닥뜨릴 때가 많았다.

샘과 디노는 커다란 은행 건물을 지나다 반대편 길가에 있는 관광객을 위한 여행안내소, 그리고 그 뒤쪽으로 커다란 항공사 건물을 볼 수 있었다. 바로 그 건물 안에는 샘이 매달 상당한 돈을 지출하는 음반 매장이 있었다.

샘은 음반 매장 뒤편에 있는 작은 가게를 쳐다보았다. 전에 본 적이 없던 가게였다. 쇼윈도에는 세련된 고급 양복이 걸려 있었다.

"아빠, 이쪽으로 와 보세요."

샘이 갑자기 걸음을 멈추더니 뒤에 따라오던 디노를
향해 외쳤다.

"샘, 양복이라면 지금도 충분히 있다."

샘은 아빠의 말에는 아랑곳하지 않고 디노를 잡아끌며
문을 열고 가게 안으로 들어갔다.

"아무튼 와보세요. 아빠를 난처하게 만들지는 않을게
요. 약속해요."

"샘!"

디노가 소리를 지르려고 했을 때였다. 샘이 재빨리 디
노의 입을 막았다.

"아빠, 절 믿으세요. 우리끼린 나중에 얘기할 수 있잖
아요. 지금은 폼을 좀 잡아야 된다고요. 아셨죠?"

디노는 아들이 한번 마음먹은 이상 쉽게 포기하지 않
을 거란 걸 알고 있었다. 그는 잠자코 샘을 따라 양복점
안으로 들어섰다. 그들이 들어서자 번들거리는 검은 머
리카락에 수염이 텁수룩한 얼굴의 나이 든 신사가 예의
를 갖추어 이들 부자에게 인사하며 말했다.

"어떤 걸 찾으십니까?"

그는 점잖은 목소리로 낮게 물으면서 턱을 약간 위로

치켜들었다. 그의 눈길은 디노를 향하고 있었다.

"네이비블루 양복."

샘이 명령하듯 말했다. 그러나 노신사는 여전히 디노만을 바라볼 뿐이었다.

"네이비블루 양복으로 주세요!"

샘이 목소리를 크게 높여 다시 말했다. 그러자 가게 안쪽 모퉁이에서 둥근 얼굴의 남자가 나오며 말했다.

"젊은 사람이 그렇게 소리를 지르면 쓰나?"

그는 다른 손님을 의식해 나무라는 말투였다.

"제가 조용히 말하니까 제임스가 못 알아듣더군요."

샘이 대꾸했다. 노신사는 여전히 디노 쪽을 바라보고 있었다.

"당신이 이곳 사장입니까?"

샘이 물었다.

"내가 사장이고, 이 친구는 제임스가 아니라 제레미요."

"그럼 당신은?"

사장은 순간 멈칫했지만 곧 대답을 했다.

"에드워드요."

"전 샘이라고 합니다. 여기 계신 분은 제 아버지입니다. 제 아버지를 자세히 살펴보세요. 그리고 이분을 어떻게 바꿔야 할지 말해주십시오."

"바꿔요?"

"그렇습니다. 전 네이비블루 양복이 좋을 것 같은데 어떻게 생각하십니까?"

에드워드 사장이 샘을 대하는 태도는 어느새 달라져 있었다. 노신사는 양복 몇 벌을 가져다 놓고 디노에게 가장 어울리는 것을 찾으려 애썼다.

디노는 잠깐 동안 새 양복에 기분이 한결 좋아졌지만 그때 갑자기 카운터에서 깜짝 놀라 외치는 소리가 들렸다.

"팔백 달러라고요? 확실합니까?"

샘은 심장이 녹아내리는 것 같았다. 하지만 겉으로 내색할 수는 없었다. 샘의 충격은 디노에 비하면 아무것도 아니었다. 디노는 아무런 말도 못한 채 가게 안을 서성이기만 했다.

샘은 결국 아빠가 지갑에서 꺼내 든 신용카드를 사장에게 건네주며 속삭였다.

“서명하세요!”

사장은 웃음 가득한 얼굴로 신용카드를 체크했고, 그 미소는 디노와 샘이 문밖을 나설 때까지 계속되었다. 그리고 노신사는 가게 문밖에서 샘과 디노를 배웅하기 위해 느긋하게 기다리고 있었고, 친절하게 문을 열어주며 말했다.

“찾아주셔서 대단히 감사합니다. 다시 모실 영광을 주시면 더욱 감사하겠습니다.”

그는 최대한 자세를 낮추어 인사를 했다.

“고마워요, 제레미!”

제레미는 가볍게 고개를 끄덕였다. 샘은 들을 수 없었지만 디노의 입에서는 신음소리가 낮게 새어 나왔다.

“팔백 달러? 팔백 달러라고?”

양복점을 벗어나자마자 디노가 소리쳤다.

“아빠, 진정하세요. 이건 투자예요. 옷차림도 전략이라고요. 아빠가 케이크를 만드는 기계를 산다고 생각해 보세요. 그 기계가 돈을 벌어주잖아요. 그리고 그 돈으로 기계 값을 갚아 나가는 거잖아요. 이 멋진 양복도 바로 그런 거라고요. 아빠가 돈을 많이 벌기를 원한다면, 비싼 양복을 입어야 되는 거예요. 그렇지 않으면 아빠에게 돈이 있다고 누가 믿겠어요. 아빠 백만장자처럼 보여야만 해요."

"그래? 그럼 지금 내가 백만장자처럼 보이니?"

디노는 자신의 몸을 아래로 훑어보며 물었다. 그러자 샘은 몇 걸음 물러나 디노를 잠시 바라보더니 시끄러운 도시의 소음을 뚫고 큰 소리로 외쳤다.

"괜찮아요, 그런 대로……."

디노는 몸을 돌려 다시 길을 가려고 했다.

"잠깐만 기다려요, 아빠!"

샘은 오른쪽으로 갔다 왼쪽으로 갔다 하더니 디노를 중심으로 원을 그리며 한 바퀴 돌면서 아빠를 구석구석 빼놓지 않고 쳐다보았다. 그의 눈길이 디노의 머리에서 발끝까지 닿은 후에야 마침내 양복에 꽂혔고, 턱을 손으로 괸 채 한참 동안 생각을 하더니 무언가 결정을 내린 듯한 표정을 짓고 있었다.

"양말 벗으세요!"

"양말을? 대체 무슨 말이냐? 오늘은 날씨가 쌀쌀한 편이야. 그리고……."

"어서 양말을 벗으세요. 구두 가게에 들러서 이 환상적인 양복에 어울리는 구두를 사야겠어요."

디노는 아무 말도 할 수가 없었다. 무슨 말을 어떻게 해야 할지 떠오르지 않았다. 그가 입을 연 것은 약간의 시간이 흐른 뒤였다.

"샘, 꼭 구두를 바꿔 신어야 되겠니?"

"네."

샘이 고개를 끄덕였다.

"양말은 벗고?"

"네, 요즘에 잘나가는 경영자들은 양말 안 신어요."

"양말을 안 신는다고?"

디노가 놀란 눈으로 물었다. 잘나가는 경영자들이 양말을 신지 않는 이유를 알고 싶었다.

그러나 그들은 어느새 구두 가게 안에 들어와 있었다. 여자 판매원이 그들의 대화에 끼어들었는데 일부러 미소를 지어 보이려고 애쓰는 모습이 역력했다.

"구두를 팔고 싶겠죠?"

샘이 차분하게 말을 건넸다.

"물론이죠. 그래서 제가 여기에 있는 거 아니겠어요?"

판매원 여자가 대꾸했다. 그녀는 디노를 잠시 동안 쳐
다보고는 다시 말했다.

"이분 양복에 어울리는 구두를 찾으시는 거죠?"

샘은 고개를 끄덕였다.

"잠시만 기다리세요. 곧 가져올게요."

"잠깐!"

샘이 외쳤다.

"왜요? 무슨 일이라도……."

"발 사이즈를 알아요?"

여자는 상냥하게 웃고 있었는데 왠지 그런 농담을 즐
기는 듯 보였다. 판매원 여자는 어디론가 사라지더니 잠
시 후 구두 상자를 들고 다시 나타났다.

어찌 됐건 디노는 구두를 신어볼 수밖에 없었다. 그런
데 역시나 여자가 가져온 구두는 디노의 옷과 완벽하게
들어맞았다.

"와우! 캡짱이에요!"

샘은 구두 가게 안에 있는 사람들이 다 들을 정도로 크
게 소리쳤다.

"샘, 제발 조용히 좀 할 수 없겠니. 응?"

샘은 쑥스러운 듯 가볍게 고개를 끄덕였다. 한동안 잠자코 있던 샘은 계산을 할 때야 비로소 다시 입을 열었다. 디노가 구두 가격을 물어봤기 때문이다.

"얼마지?"

"삼백이십 달러요."

디노는 말없이 계산을 했다. 어떤 말도 할 기분이 아니었다.

"싼 거예요. 품질에 비하면 그 정도면 거저라고요. 이 정도는 투자라고 생각하세요. 기계를 사들이는 것과 같은 거라고요. 아시겠죠?"

그들은 구두 가게를 나와 두 개 정도의 상점을 지난 뒤 다시 걸음을 멈추었다. 샘이 쇼윈도에 걸려 있는 넥타이를 발견했던 것이다.

주인이 디노를 바라보며 세상에 하나밖에 없는 넥타이라는 것을 여러 번 강조했지만, 디노는 차마 가격조차도 물어볼 엄두가 나질 않았다.

"그럼 이제 갈까?"

"네, 아빠 아주 멋진 넥타이를 사신 거예요."

넥타이까지 산 디노 부자가 나가자 가게 주인이 그들

을 위해 문을 열어주려고 했다. 그런데 갑자기 샘이 문 밖으로 나서려다 말고 오른쪽으로 고개를 돌려 멈추어 서서는 디노의 머리를 쳐다보며 뭔가를 가리켰다.

"설마 모자까지?"

디노가 놀라서 물었다. 그리고는 아들을 달래는 듯 한 말투로 한 마디 덧붙였다.

"샘, 요즘 모자 쓰고 다니는 사람이 어디 있니⋯⋯."

"바로 그거예요. 역시 아빠 좀 특별한 데가 있어요. 아마 곧 모든 사람들이 모자를 쓰고 다니게 될 거예요. 그렇게 되면 아빠 모자를 벗어 던져버리는 거죠."

말로는 샘을 당할 수가 없게 된 디노는 말문이 막히고 말았다. 그리고 어느새 그가 가게 문을 나섰을 때는 새로 산 넥타이와 모자가 씌워져 있었다.

샘은 디노의 오른편에서 걷고 있었다. 샘은 걸어가는 동안 줄곧 아빠를 쳐다보았다.

"왜? 뭐가 이상하니?"

"잘 모르겠어요. 하지만 뭔가 좀 찜찜한 거 같아요."

"무슨 소리야. 뭐가 찜찜하다는 거야?"

"모자가⋯⋯."

“그럴 리가 있니? 이게 얼마짜리 모잔데…… 그리고 네 말이 맞아. 아마 모자가 유행을 불러일으킬 거다.”

“아니, 제 말은 아빠 모자가 아니라 모자 밑에 있는 부분…… 머리 말이에요.”

“머리?”

“네. 물론 저도 아빠 머리를 어떻게 할 수 없다는 걸 알고 있지만…….”

“이제 집으로 돌아갈까? 양복, 구두, 넥타이, 게다가 모자까지 모조리 샀으니 이제 가자꾸나. 지금 내가 뭘 하고 있는지 잘 모르겠지만 이 정도면 완벽한 것 같다. 내가 대통령에 출마할 것도 아니지 않니.”

“눈 좀 감아보세요.”

디노는 눈을 크게 뜨고 아들을 바라보았다.

“갑자기 눈은 왜?”

“글쎄, 그건 묻지 말고 어서 감아보세요.”

“쓸데없는 짓은 이제 그만 좀 하자. 도시 한복판에서 왜 내가 눈을 감아야 한단 말이냐.”

“왜냐면 아빠가 저를 믿는지 보려고요. 됐어요? 이제 눈을 감으세요. 제가 아빠의 손을 잡고 인도를 할 테니까요.”

“좋아. 그럼 그다음엔 집으로 가는 거다?”

“알았어요. 집으로.”

디노는 샘의 요구대로 두 눈을 꼭 감았다. 샘은 아빠의 모습을 보면서 터져 나오려는 웃음을 간신히 참고 있었다.

“자, 이제 오른손을 내미시지요.”

디노는 정신을 집중하며 샘이 이끄는 대로 따라갔다. 눈을 감자 도시의 모든 소음과 온갖 냄새가 뒤섞여 어지럽게 느껴졌다. 디노는 모든 감각에 신경을 곤두세우며 길을 걸었다.

잠시 후 자극적인 냄새가 코를 찔렀다. 순간 뇌가 냄새의 요소들을 분석하기 시작했다.

‘이발소?’

“이제 눈 떠도 되니?”

“아직요. 잠깐만요.”

디노는 더 이상 궁금증을 참을 수가 없었다. 눈을 가리고 있던 왼손의 손가락 사이로 살짝 눈을 떠 보았다. 예상대로 이발소였다. 샘은 이발사로 보이는 남자에게 무언가 말하고 있었고, 그 남자는 단호하게 머리를 가로저었다.

샘이 디노에게 되돌아왔다.

"아빠, 오른쪽으로 두 걸음만 움직이세요. 됐어요. 약간 뒤로. 자, 이젠 앉으시고 눈을 뜨세요!"

눈을 뜬 디노는 거울에 비친 자신의 모습을 보고 화들짝 놀랐다. 그는 아직 머리를 자를 때가 아니라고 생각했다. 고개를 가로저었던 남자가 샘의 옆으로 다가왔다.

"아빠, 뭐가 찜찜했는지 이제야 알겠어요."

샘이 나지막한 목소리로 속삭였다.

"뭔데?"

"헤어스타일."

"이 정도면 준수한데, 아직 자를 때가 아니야."

디노는 몇 가닥 남지 않은 머리카락을 손가락으로 펴넘기며 말했다. 그러자 샘은 아빠에게 다가와 안마를 하듯 어깨를 두드리며 속삭였다.

"아빠, 아빠 머리는 원래 숱이 없잖아요. 그러니까 머리카락이 보이지 않게 하는 편이 나아요!"

디노는 말이 없었다. 아들의 제안을 곰곰이 생각하고

있는 것 같았다. 샘은 거울에 비친 아빠의 표정을 보면서 몇 마디 덧붙였다.

"지금은 경리부장처럼 보이지만 잠시 후엔 승리한 야전사령관처럼 보일 거예요. 아마 모든 사람들이 아빠를 주목할걸요? 누가 봐도 멋지다고 생각할 거예요. 여기 이분도 그렇대요."

샘은 이발사에게 눈길을 돌렸다. 이발사는 마지못해 입을 여는 것 같았다.

"예, 맞아요. 삭발을 하시는 게 훨씬 어울릴 겁니다."

"와…… 완전히 미, 밀어?"

디노는 심하게 더듬으며 말했다.

"아빠, 그건 여기서 쓰는 말이니까 너무 마음에 두지 마세요."

샘은 아빠를 진정시키려고 애썼다.

디노는 생각을 거듭했다.

"정말 경리부장처럼 보이니?"

"네, 아빠가 직접 보세요. 머리카락이 없잖아요. 경리부장들은 대부분 머리가 벗겨졌어요. 왠지 아세요? 그 사람들은 날마다 숫자를 맞추느라 머리를 많이 써서 그래요. 머리를 많이 쓴 대가로 머리카락을 잃은 셈이죠."

디노는 아들의 말에 고개를 끄덕였다.

"그래? 경리부장처럼 보이고 싶진 않구나."

이 말을 들은 샘은 고개를 끄덕이며 손을 내밀었다.

"아빠의 결정을 축하드려요!"

샘은 옆에서 기다리던 이발사에게 눈짓을 해보였다.

"시작하세요. 조심스럽게 해주셔야 합니다."

디노는 기대 반 우려 반으로 이발사의 손놀림을 주의 깊게 관찰하고 있었다. 그러나 거의 이발이 끝났을 때쯤 엔 그의 얼굴에 당당한 미소가 스쳐지나 가고 있었다.

"샘, 아빠 모자를 가져오렴."

디노는 마음속에서 솟아나는 승리감을 감출 수가 없었 다. 그의 표정은 밝게 빛나고 있었다.

"전 밖으로 나갑니다."

샘도 역시 기쁜 표정이었다. 그러나 디노가 이발소 밖 으로 나왔을 때 그의 미소는 방금 전까지와는 다르게 약 간 시들어 있었다.

"샘, 내가 대충 계산을 해봤는데 말이다. 우리가 오늘 통장에 있는 돈을 거의 다 써버린 것 같구나."

샘이 고개를 끄덕였다.

"돈이 떨어졌으면 집으로 가야죠…… 아빠 어땠어요? 오늘 괜찮았어요? 제가 말씀드렸잖아요. 전 늘 문득문득 생각이 떠오른다고요. 정말 죄송해요, 아빠를 빈털터리로 만들어서…… 물론 양복이나 다른 것도 나쁘진 않지만. 그런데 아빠 정말 멋져 보이는 거 아세요? 아빠의 변신을 엄마가 보면 충격을 받을 거예요. 그리고 자랑스럽게 생각하실 거예요. 진짜로요!"

"엄마가 정말로 충격을 받을 일은 아마도 오늘 얼마를 썼는지 말했을 때일 거다."

"그러니까 엄마에게 말씀하세요. 투자라고요. 제가 말씀드렸듯이 기계를 사는 거나 같은 거라고요. 기계로 돈을 벌어 다 갚을 수 있듯이 그런 거라고 말씀드리세요. 이건 분명한 거예요. 전 확신하거든요."

디노와 샘은 집 앞 현관문에서 약간 주춤거렸다. 그때 샘이 먼저 입을 열었다.

"변한 아빠의 모습을 보고 엄마가 놀라겠죠?"

디노 역시 짐짓 어색한 표정을 지었다.

“음…… 글쎄 이렇게 한꺼번에 변한 모습은…… 아마도 결혼 하고 처음일 거다…….”

“하지만 아빠, 걱정 마세요. 아빠의 달라진 모습에 엄마도 기뻐하실 거예요.”

샘이 당당하게 문을 열고 들어가며 코라를 불렀다. 디노의 모습을 본 코라의 두 눈은 큼지막한 눈알사탕보다 더 커졌다.

“아니, 여보. 도대체 이게 뭐예요? 정말로 당신이 맞긴 맞는 거예요?”

디노는 완전히 변신했다. 멋진 양복에 구두, 그리고 헤어스타일까지. 아마도 가족이 아닌 사람들이 봤다면 디노를 알아보기조차 쉽지 않았을 것이다. 남편의 변한 모습을 보던 코라는 일단 이 모든 비용이 어디서 났는지 그 출처에 생각이 미쳤다.

“아니, 도대체 돈을 얼마나 쓴 거죠? 이렇게 비싸 보이는 양복은 우리 집에 한 벌도 없는데…… 여보, 도대체 오늘 얼마를 쓴 거예요?”

그때 샘이 돈 따위는 아무런 상관도 없다는 듯이 대답했다.

"아마, 한 1천 달러는 넘을 걸요?"

샘은 재미있다는 표정이었지만 코라는 숨이 넘어갈 듯한 얼굴이었다.

"뭐? 1천 달러? 아니 그게 말이나 돼요 여보? 당신은 지금 실직 상태라구요. 세상 물정 모르는 아이의 말을 듣고 하루에 1천 달러나 쓴다구요?"

코라는 질겁하며 디노를 쏘아보고 있었다.

"하지만 여보, 이건 투자야. 좀 더 좋은 직장을 위해서 하는 투자라고. 하다못해 좋은 케이크를 만들기 위해서라도 투자가 필요한 건데, 좋은 직장을 위해서 이 정도 투자도 못 하겠어?"

"그렇지만 여보……."

코라는 남편과 아들이 저지른 놀라운 일 앞에서 도저히 입을 다물지 못했다. 그러다 답답하다는 듯이 몇 차례 가슴을 치더니 곧 침대에 드러눕고 말았다. 잠시 후 샘이 다시 코라에게 다가갔다.

"엄마, 지금 아빠에게 가장 필요한 건 새로운 변화예요. 그래야 아빠도 보다 색다른 활기를 얻어서……."

눈을 찡그리며 누워 있던 코라가 샘의 말을 듣자 벌떡

일어났다.

"샘! 도대체 이 엄마는 널 당해낼 수가 없구나. 네가 얼마나 많은 책을 읽고 얼마나 지식을 쌓았는지는 모르겠지만, 하루에 1천 달러나 쓴다는 건 바보 같은 짓이야. 돈이 없을 때는 돈을 아껴야 할 때도 있는 거고, 투자라는 것도 정도껏 해야지. 샘, 네 아버지의 일은 네 아버지에게 맡겨둬. 네가 나설 일이 아니야!"

샘은 무언가라도 더 말하고 싶었지만 그 어떤 항변도 할 수 없었다. 하지만 샘은 단지 그 순간만 말을 못했을 뿐이지 자신의 생각에는 변함이 없었다.

어제 아무 일도 없었다는 듯이 샘은 디노에게 외출을 하자고 했다.

그러자 디노가 샘에게 걱정스러운 듯이 말했다.

"샘, 지금 너는 학교를 가야 해."

하지만 샘은 단호한 표정이었다.

"아빠, 전 굶고 싶지 않아요. 당장 다음 주에 굶어야 할 상황인데, 제가 학교에 제대로 다닐 수가 있겠어요? 저희 집이 다시 괜찮아지면 저도 매일 신나게 학교를 다 닐 테니까 걱정 마세요."

샘의 너무나도 단호한 어투와 몸짓에 디노는 어찌 해 야 할지 엄두가 나지 않았다.

"하지만 이제 네 엄마 생각도 좀 해야 되지 않겠니? 어 쩌면 저대로 앓아누울지도 모른단 말이야."

"아빠, 만약 아빠가 더 이상 변화하기를 싫어하면 어 제의 투자가 모두 물거품이 된단 말이에요. 1천 달러라 는 큰돈을 그냥 아무 의미 없이 날려버리고 싶으세요?"

샘은 다시 기대에 부푼 듯 말을 이어갔다.

"아빠, 오늘은 BMW를 사러 갈 거예요."

디노는 자신의 귀를 의심할 수밖에 없었다.

'BMW? BMW는 세계 최고급 자동차 브랜드 아니 야?'

디노가 다시 확인하듯이 물었다.

"샘, BMW라면 그…… 자동차를 의미하는 거니?"

그러자 샘이 아무렇지도 않다는 듯이 짧게 대답했다.

“네!”

“샘, 어제 양복 따위를 사느라 더 이상 돈이 없는데 어떻게 차를 새로 산단 말이냐?”

“제게 좋은 생각이 있으니 걱정 마세요.”

샘이 자신 있다는 듯 대답했다. 그리고 실제로 샘은 자신의 생각을 확실히 믿고 있는 것 같았다.

디노는 샘이 자동차 문제를 어떻게 해결할지 걱정이 되었다. 그는 서둘러 샤워를 하고 옷을 갈아입은 후 계획표에 적힌 시간보다 빨리 아침식사를 마쳤다. 디노는 어느새 계획표를 손에 든 채 차에 앉으면서 말했다.

“어디로 가지?”

“그린레인으로 가세요. 이미 영업소 세 군데에다 말해 놨거든요. 아빤 항상 최고라는 생각을 잊지 마세요. 아빤 성공한 사람이에요. 그러니까 모든 게 격에 맞아야 해요. 아빠가 입은 옷에 어울리는 자동차를 타야 하지 않겠어요? 그렇지 않다면 그 옷을 던져버려야죠.”

디노는 못내 고개를 끄덕였지만 자동차를 어떻게 구입한다는 건지 걱정부터 앞섰다.

“아직 아무런 대책이 없긴 하지만 곧 좋은 생각이 떠

오를 거예요."

　그린레인은 오클랜드 지역에 있는데 대부분의 자동차 딜러들이 터를 잡고 있는 곳이기도 했다. 디노 부자는 차에서 내려 걸어가기로 했다. 만일 영업사원들이 그들이 타고 온 소형 승용차를 본다면 돈이 없는 사람으로 간주할 수 있기 때문이다.

　"혹시 미리 생각해둔 자동차라도 있는 거야?"

　"네, BMW요. 다른 건 별 볼일 없으니까."

　샘이 아무렇지 않게 대답했다. 디노 또한 대수롭지 않게 생각하고 아들의 말을 유머로 받아넘겼다. 어쨌거나 지금으로선 차 값을 지불할 능력이 없기에 이러나저러나 마찬가지였다.

　'샘이 긴장을 해서 그러는 게 분명해. 지금 상황에서 긴장이 안 될 수가 없겠지…….'

　그는 아들의 흥을 깨고 싶지 않았다. BMW라면 영업소 이곳저곳 돌아다닐 필요가 없었다. 자동차 시장에서 BMW를 취급하는 곳은 단 한 군데밖에 없기 때문이다.

　"아빠, 회사 영업소장들을 위해 다섯 대의 차가 필요하다고 말하세요."

자동차 전시장에 들어서면서 샘이 아빠의 귀에 대고 속삭였다.

"저희 자동차가 맘에 드십니까?"

영업사원이 친절하게 말을 걸어왔다.

"자동차가 좀 필요한데…… 우리 회사 영업소장들이 고객의 기분을 맞추는 데는 어떤 차가 좋겠소?"

"아, 네."

"우리 영업소장들에게 나누어 주려면 다섯 대가 필요한데 모두 BMW를 원하더구먼. 난 별로라고 생각하는데 그 사람들 생각은 안 그런가 봐요. 해서, 내가 우선 한번 사용을 해보고 나서 결정을 하겠다고 그들에게 약속했소."

"그럼 다섯 대를 한꺼번에 구입하신단 말씀이십니까?"

영업사원이 물었다. 그러자 디노는 고개를 끄덕였다.

"오클랜드에 내가 운영하는 회사 영업소가 모두 다섯 개요. 그러니 영업소에 한 대씩 사주면 그렇게 되겠지. 안 그렇소?"

영업사원은 웬 횡재냐는 듯 눈을 동그랗게 뜨며 손까

지 떨었다. 그는 마침내 감을 잡은 듯 특별 고객을 위해 매장에 전시되어 있는 모든 자동차에 대해 설명을 했다. 영업사원은 최선을 다했다. 덕분에 디노는 난생처음으로 실린더가 일곱 개나 달린 엄청난 가격의 차에 대한 설명까지 들을 수 있었다. 디노는 한 시간 반이라는 시간이 지났음에도 여전히 벅찬 가슴을 가라앉히지 못했다.

"제가 제안을 하나 하겠습니다."

영업사원은 생기 넘치는 목소리로 말을 꺼냈다.

"사장님께서 우선 1주일 동안 차를 타보시면 어떨까 합니다. 물론 계약은 차후에 하셔도 됩니다."

디노는 코를 매만지면서 생각하는 듯한 모습을 연출해 냈다. 그런 다음 매장을 이리저리 거닐면서 뭔가 불만족스럽다는 분위기를 영업사원이 느끼도록 했다. 잠시 후 매장을 한 바퀴 돌아본 디노는 안절부절못하고 있는 영업사원에게 돌아왔다.

"좋소. 당신 제안대로 합시다."

곧 얼굴이 밝아진 영업사원이 기쁜 표정으로 말했다.

"1주일이 적으시면 2주일로 하십시오. 그 정도면 충분하실 겁니다."

그리고는 바로 간단한 양식의 서류에 기입하고 서명을
했다.

15분 후 디노와 샘은 BMW 500 자동차 안에 앉아 있
었다.

"겨우 2주뿐이야?"

"그래도 대단히 잘 하신 거예요, 아빠. 2주 안에 아빤
새로운 직업을 갖게 되실 거니까요. 아마도 그때쯤이면
이런 자동차 정도는 아무것도 아닐 거라고요."

코라는 BMW를 보자 남편과 아들이 실제로 뭔가 일을
벌이고 있다는 걸 깨달았다. 그러나 그녀는 앞으로 아침
마다 잠을 설치게 될 걸 알면서도 일단 믿어보기로 마음
의 결정을 내렸다.

"이젠 뭘 해야 하지?"

"아빠, 우린 그간에 고급 양복을 샀고 이발도 하고 최
고급 자동차도 샀어요. 그리고 이젠 이러한 것들이 아빠
의 마음에 어떤 변화를 주는지 한번 곰곰이
생각해볼 차례예요."

디노는 샘의 말이 구체적으로 무엇을 의

미하는지 잘 몰랐지만 어쨌든 일단 샘의 말을 믿어보기로 했다.

디노는 그날 밤 늦게까지 잠을 이루지 못했다. 최근에 일어난 자신의 변화에 대해서 이제야 겨우 차근차근 받아들일 수 있었다. 그리고 갑작스러운 해고와 샘의 트레이닝을 받으면서 예전에는 느끼지 못했던 새로운 생활에 대한 열망과 변화에 대한 것을 어렴풋이 느끼기 시작했다.

그래서 쉽게 잠이 들지 못한 디노는 밤 12시가 넘어 슬쩍 침대에서 일어났다. 그리고 가족들이 깨지 않게 밖으로 나갔다. 밖에는 희미한 달빛 사이로 BMW 한 대가 서 있었다. 사실 디노는 이제까지 살면서 자신이 이렇게 고급스러운 차를 사리라고는 상상하기도 힘들었다. 비록 부자만큼 많이 벌지 않아도 얼마든지 검소하게 살면서 행복할 수 있을 거라고 생각했고, 그것을 실천해온 것이 디노의 삶이기도 했다. 그런데 그의 앞에 느닷없이 나타난 BMW는 그의 마음에 새로운 불씨를 지폈다. 진짜 자신이 부자가 될 수 있을 지도 모른다는 생각을 심어준 것이다.

'나도…… 부자가 될 수 있을까…….'

디노는 BMW를 살며시 어루만졌다.

다음 날 아침 샘은 정확히 6시에 디노의 침대 옆에 섰다. 침대 머리맡에 놓여 있는 램프를 켜고 한창 잠에 빠져 있는 아빠를 흔들어 깨웠다.

"으……음, 한밤중에 여기서 뭐 하는 거니?"

디노는 잠결에 웅얼거리면서 불빛이 눈에 거슬리는 듯 반대편으로 돌아누웠다.

"아빠, 일어나세요. 6시예요. 5분 동안 아침체조를 해야 돼요."

몇 초 후, 디노는 누운 채 천천히 몸을 되돌렸다.

"아침체조?"

디노가 얼굴을 찡그리며 묻자, 샘은 디노의 얼굴에 종이 한 장을 내밀었다.

"생활계획표예요."

"생활계획표? 그거 참 멋지구나! 하지만 지금은 너무 이른 시간이 아닐까? 조금만 더 자도록 하자 샘, 응?"

샘은 디노를 침대에서 강제로 끌어내렸다. 놀란 디노

는 소리를 지르려 했지만 샘이 재빨리 손으로 입을 틀어
막았다.

"쉿, 엄마가 깨잖아요. 빨리 서두르세요. 안 그러면 시
작부터 엉망이 된단 말이에요."

디노는 포근하고 따뜻한 침대를 벗어나는 것이 못내
고통스러웠지만 아들의 성화에 못 이겨 하는 수 없이 반
쯤 감긴 눈을 하고 거실로 나갔다. 샘은 이미 발코니의
문을 열어 놓고 기다리고 있었다.

"자, 시작해요. 절 따라 하시면 돼요."

디노는 아들이 시키는 대로 따라서 몸을 움직이기 시
작했다. 팔을 뻗어 스트레칭을 하고 무릎을 굽혔다가 편
다음, 엎드려서 팔굽혀펴기를 했다. 가볍게 몸을 흔들어
주고 다시 스트레칭을 반복했다.

디노는 숨이 차 헐떡거렸다. 그로서는 최선을 다하고
있었다.

"제 말을 따라 하세요!"

샘이 명령하듯 말했다.

"나는 살아 있다. 나는 살아 있다. 나는 진짜 살아 있
다. 나는 최고다."

디노는 샘의 말을 그대로 반복했다.

"더 크게!"

샘의 큰 목소리에 디노는 더 크게 외쳤다.

"나는 살아 있다! 나는 살아 있다! 나는 진짜 살아 있다! 나는 최고다!"

"더 크게! 더 크게!"

샘이 더욱 디노를 다그쳤다. 그러자 디노는 있는 힘을 다해 온 세상을 뒤흔드는 듯한 기분으로 소리를 질렀다. 그때 놀라 잠에서 깬 코라가 뛰어나왔다.

"대체 무슨 일이야? 세상에! 꼭두새벽부터 둘이 뭐 하는 거죠?"

때마침 샘의 세 살배기 여동생도 울음을 터뜨렸다.

"오, 이런! 이상한 짓 좀 그만 둘 수 없어요? 시끄러워서 잠을 잘 수가 없잖아요!"

"엄마! 이건 엄마나 헬렌뿐만 아니라 우리 가족 모두를 위한 거예요. 이젠 우리 스스로가 우릴 부양해야만 돼요. 그렇지 않으면 누가 하겠어요. 우리가 스스로 나서지 않으면 배가 고파도 굶을 수밖에 없다고요. 가난은 미덕이 아니에요."

샘이 얼굴을 붉히며 말했다. 그러자 코라는 할 말을 잃은 듯 멍하니 서 있다가 포기했는지 아기 방으로 들어가 버렸다.

다시 샘은 아빠를 바라보고는 소리쳤다.

"한 번 더! 나는 살아 있다! 나는 살아 있다! 나는 진짜 살아 있다! 나는 최고다!"

잠시 후 아기 방으로 들어갔던 코라가 헬렌을 안고 나와서 물었다.

"얼마나 더 계속할 작정이지?"

"이제 다 됐어요. 아빠, 기분이 어때요?"

"흠…… 그래, 사실 너와 이렇게 아침에 운동을 하거나 크게 소리를 질러본 것도 처음 있는 일인데…… 기분이 상쾌하구나."

"아빠, 오늘부터 할 일이 뭔지 아시죠?"

"그럼 알다마다. 새로운 도전을 해보는 거다. 새로운 사업을 시작하든지, 아니면 새롭게 취직을 해서 예전과는 다른 생활을 해보려고 해. 그리고 취직을 하더라도 이제는 이 아빠도 예전처럼 단순한 직장인처럼 살지는 않을 거야."

"그래요 아빠, 뭐든지 좋아요. 사업을 하든 다시 취직
을 하든 말이죠. 중요한 건 이제 아빠도 부자가 될 수 있
다는 믿음이니까요."

7
우리 아빠는 너무 비겁해요

디노는 인터넷과 구인광고지를 뒤적여 자신이 갈 만한 회사를 하나하나 간추리기 시작했다. 단순히 월급만 보고 직장을 선택하는 것은 아니었다. 나중에 베이커리와 관련된 창업을 준비할 수 있는 곳을 꼼꼼히 따지기 시작했다. 대략 20개 정도의 회사가 간추려지자 디노는 본격적으로 이력서를 작성해 보냈다. 이력서에서는 BMW를 배경으로 한 멋진 가족사진도 첨부했다. 자신감과 당당함, 사회적으로 결코 실패하지 않은 인물이라는 것을 강조하기 위한 것이었다.

코라도, 샘도 디노의 새로운 직장생활에 대한 기대가

컸고, 예전보다 더 나은 생활을 할 수 있으리라는 믿음도 생겼다.

그리고 그 이후부터 디노에게 한 가지 새로운 버릇이 생겼는데, 우체부를 기다리는 일이었다. 그렇게 3일째 되던 날, 드디어 지원한 한 회사로부터 우편물이 날아왔다.

'드디어 왔군!'

디노는 기대를 가지고 우편물을 뜯어보았다. 하지만 결과는 전혀 다른 것이었다.

디노는 실망이 컸다. 하지만 무려 20개의 회사에 이력서를 보냈다는 자체가 디노에게 어느 정도의 자신감을 갖게 만드는 마지막 보루와 같은 것이었다.

그리고 그때 우편물을 들고 들어오는 디노를 본 코라역시 약간의 기대를 하면서 조심스레 말을 걸었다.

"무슨 우편물이에요……?"

약간 망설이던 디노, 하는 수 없이 입을 뗐지만 다소 과장된 이야기가 입에서 술술 흘러나왔다.

"음, 이력서를 보낸 회사인데, 다음 기회에 일을 할 수 있기를 기대한다더군. 하지만 아마도 그럴 기회는 없을 거야. 그때쯤이면 이미 나는 이 회사보다 더욱 좋은 회사에서 근무하고 있을 테니까 말이야. 그렇지 않아 여보?"

코라 역시 남편의 당당한 자신감에 마음속으로 박수를 보냈다.

"물론이죠. 당신이 능력이 없는 것도 아니고 그동안 준비도 많이 했잖아요. 걱정 말고 기다리세요. 곧 좋은 소식이 올 테니까요."

그러나 디노와 코라의 기대는 점점 힘이 빠져갔다. 하루하루 시간이 흘러도 채용을 하겠다는 곳은 한 군데도 없었다. 디노는 혹시 이력서에 기재한 전화번호가 틀린 것은 아닌지 다시 확인하기도 했다.

'혹시 담당자가 정신이 없어서 전화를 못하는 것 아닐까. 내가 한번 전화를 해볼까.'

디노는 지원했던 모든 회사에 전화를 걸어, 끊임없이

동일한 말을 반복했지만 상대방이 보여주는 반응은 모두 동일했다.

"여보세요? 네, 저는 귀사에 입사를 지원했던 디노라고 합니다. 혹시 채용 여부가 결정 났는지…… 아, 예…… 네…… 알겠습니다."

그렇게 지원한 회사에 전화를 한 시간여 동안 건 디노는 자신에 대한 실망감으로 가득 찼다. 다시 후회가 밀려왔고 불안해지기 시작했다.

'정말 이러다가 영영 취직을 못하는 거 아냐?'

이번에는 코라의 위로도 별로 도움이 되지 못했다. 하지만 샘은 다시 한 번 이력서를 보내자고 했다.

"아빠, 이 정도 가지고 실망할 필요는 없어요. 다시 한 번 해봐요. 될 때까지 해보는 거예요. 힘내세요 아빠!"

디노와 샘은 며칠 뒤 다시 한 번 시도해 보기로 약속했다. 이번에도 20통 정도의 이력서를 보냈다. 그렇지만 그 어느 곳에서도 연락이 오질 않았다. 면접을 보라는 통보조차도 없었다.

디노는 점점 초조해졌고 하루하루가 지날수록 점점 무기력해지고 아무것도 할 수 없을 정도로 힘이 빠져나가

는 걸 느꼈다. 원래부터 약간 구부정한 그의 자세가 눈에
띄게 나빠져 갔다. 친구들과 그를 아는 사람들은 병원에
가 볼 것을 권했을 정도였다. 아마도 척추 어딘가에 문제
가 생긴 것 같아 보였다.

그동안 실제로 디노의 외모는 조금씩 달라지고 있었는
데, 머리에 신경을 쓰지 않았던 탓인지 주변머리가 어느
새 다시 자라나 있었다.

코라 역시 점점 지쳐가는 듯했다. 그래도 이제까지는
남편을 위로하며 용기를 북돋워주었지만 갈수록 쪼들리
는 생활 때문에 서서히 남편을 들볶기 시작했다.

"여보, 이제 우리는 어떻게 해야 하죠? 이렇게 아무 벌
이 없이 돈만 점점 쓰다보면 이사를 가야 할지도 몰라요.
지금보다 훨씬 좋지 않은 곳으로요."

디노가 그걸 어찌 모르겠는가. 하지만 그 또한 어쩔 수
없는 노릇이었다. 누구보다도 일자리를 간절히 원하는
사람은 디노였다. 그러나 아무런 소득도 없이 시간은 흘
러가고 있었다. 설마 했던 시간이 일주일, 이주일 지나더
니 끝내는 그렇게 석 달이 지나버리고 말았다.

결국 디노는 취미로 오랫동안 수집해 온 우표와 동전

을 아내가 내다 팔자고 했을 때조차도 말릴 처지가 되지 못했다. 디노가 수집한 것들을 돈으로 환산하면 거의 5천 달러에 달했다.

그 정도의 돈이면 두 달 정도는 생활할 수 있었다. 하지만 두 달 후엔 어찌할 것인가. 결국에는 집을 팔고 조그만 집에 세를 들어야 할 것이다. 보나마나 앞일이 훤했다. 많이 지친 코라는 약간은 냉소적으로 변해버리고 말았다.

"서두르는 게 나아요. 어차피 당신이 그 안에 직장을 얻기는 어려울 테니까."

디노도 화가 나기는 했지만 이는 모두 자신이 자초한 일이었다. 아내에게 화를 내봤자 결국에는 자기 자신에 대한 실망감만 더해갈 뿐이다. 디노는 아내의 말에 묵묵히 침묵을 지킬 수밖에 없었다. 디노는 어쩔 수 없이 이사를 해야 할지도 모른다는 생각을 했다. 집을 팔면 다시 생활비를 조달할 수 있을 것이다. 이사를 간다면 지금의 아름다운 해변이 보이는 집은 꿈도 꾸지 못할 것이고, 바다와 멀리 떨어진 알바니라는 동네로 가게 될 것이다. 그렇게 되면 더 이상 멋진 해변을 걸을 기회가 없을 지도 모른다. 하지만 어쩔 수 없는 일이었다. 생활비는 부족하고, 이력서는 계속해서 넣어봐야 아무런 연락도 없었다.

결국 한 달 뒤 그들은 이사를 하고 말았다. 이제 디노는 거의 완전히 포기한 사람 같았다. 새로운 사업을 시작하려고 해도 그간에 있던 돈을 다 써버렸을 뿐만 아니라 집을 팔더라도 사업비를 마련하기는 힘들어 보였다. 뿐만 아니라, 이 상황에 집을 팔아서 사업자금을 마련한다는 것은 가족에게 죄를 짓는 것과 같아 디노로서는 절대 그럴 수 없었다. 하지만 포기하고 싶어도 포기를 할 수 있는 그런 상황이 아니었다.

샘이 다시 아빠를 다그쳤다.

"아빠, 계속 이렇게 힘없이 사실 거예요? 부자가 되고 싶다는 마음은 이제 다 잃어버리신 거예요? BMW를 보면서 새롭게 시작하겠다고 마음먹은 아빠의 열정은 다 어디 가고 이렇게 놀고 계신 거예요!"

"난들 놀고 싶어서 이러고 있냐? 마땅한 일자리가 생기질 않는데 대체 어떡하란 말이야……."

"팝퍼라팝!"

"팝퍼라팝?"

"아빠, 이런 말이 있어요. '네 죄를 다른 사람에게 미루지 말라.' 그리고 제가 읽은 책들 모두에서 공통적으로 일치하는 말인데, 자신의 삶은 자신이 책임지라는 뜻이에요. 그러니까 아빠는 이제 완전히 혼자인 거죠. 아빠가 그 생각을 받아들이지 않는다면 아무리 노력해도 모든 게 꽝이에요. 일생동안 텔레비전 앞에만 앉아 계셔야 할 거라고요."

"샘!"

디노가 소리쳤다. 그러나 샘은 아랑곳하지 않고 차분한 어조로 말했다.

"그렇게 소리치신다고 달라질 건 없어요. 아빠 스스로만 힘들어지실 뿐 도움이 되는 건 아무것도 없어요."

"날 힘들 게 만든 건 바로 너다!"

"그렇지 않아요. 아빠, 저는 아빠를 트레이닝하기 위해 노력했을 뿐이라고요. 아빠는 회사에서 잘렸고, 그 모든 책임은 결국 아빠에게 있는 거 아니에요? 확실한 건 아빠 스스로가 노력하지 않는다면 아무것도 바뀌지 않아요. 정말 시간낭비라고요!"

"너랑, 그 빌어먹을 책들이 아니었다면 나는 어쩌면

좀 더 회사에 다닐 수 있었을지도 모른다고! 네가 자꾸 아빠에게 부자가 되라고 강요만 하지 않았어도 아빠는 지금쯤 부사장이 되어 있을지도 몰라.”

“아빠! 아빠는 그렇게 자신을 잘 모르세요? 제가 책을 읽지 않아도, 트레이닝을 제안하지 않아도, 그리고 부자가 되라고 말을 하지 않아도 아빠는 회사에서 결국에는 잘릴 수밖에 없다는 점을 왜 시인하지 않으세요?”

“그…… 그래. 알았다. 그 얘기 그만두자. 그럼, 이제 어떻게 하면 되겠니?”

“다시 트레이닝을 시작해야죠.”

“그건 아무 도움도 안 됐잖아!”

“우리가 꾸준히 하지 않아서 그런 거예요. 사람이 변하려면 충분한 시간이 필요해요. 아빠 자신을 보세요. 아빠 우리가 의도했던 새로운 사람이 됐다고 생각하세요? 오히려 더 망가졌잖아요. 몸이 불어나서 살찐 사자가 됐잖아요. 그런 사자는 어느 무리에서건 따돌림을 당하게 마련이죠. 위엄도 없고, 매력도 없고.”

디노는 오른손 주먹으로 쾅 하고 탁자를 내리쳤다.

“됐어! 됐으니까 그만 해!”

샘은 신음소리를 내며 고개를 가로젓고는 입을 다물었다. 결코 멈출 기세가 아니었다. 하지만 디노는 극도의 스트레스 때문에 몸은 물론이고 마음까지 거의 완전히 무기력해졌다.

그런데 그 이후부터 샘은 이상하게도 더 이상 아빠에게 트레이닝을 강요하지 않았다. 이제까지 했던 대로라면 지쳐 있는 디노를 더욱더 다그치기도 할 법한데 샘은 침묵만 지킬 뿐이었다. 디노는 이런 사실이 속으로 무척이나 반가웠다. 이제 이래라 저래라 하는 잔소리꾼이 없어졌기 때문이다. 잠도 푹 잘 수 있고 쓸데없는 논쟁을 하지 않아도 돼고, 짜증나고 피곤한 일에 신경 쓰지 않아도 되었다. 그렇게 나른한 하루하루가 지나갔다.

샘이 침묵을 지키기 시작한 후, 3일째 되는 날 디노는 익살맞은 표정으로 은근히 샘에게 물어봤다.

"샘, 요즘 아빠는 무척이나 편안하단다."

그러자 샘이 아무런 관심도 없다는 듯이 대꾸했다.

"왜요?"

"네가 트레이닝하자고 졸라대지 않아서 말이야……."

샘은 잠시 말을 하지 않았다. 그러나 그때 디노가 궁금해서 샘의 얼굴을 슬쩍 엿보려는 순간, 샘이 갑자기 그동안 쌓아두었던 것들을 확 풀어헤치듯 거침없이 이야기하기 시작했다.

"퍽이나 좋으시겠네요! 아빠가 편안함을 느끼고 있는 동안 우리 집은 점점 더 가난해지고 있다는 사실을 알기나 하세요? 아빠가 편안함을 느낀다는 건 이제 우리 가족을 위해서 아빠가 해야 할 모든 의무를 완전히 포기했다는 것을 의미해요. 그러니 저도 포기를 할 수밖에 없어요. 우리 집은 곧 거리로 나앉게 될 거고, 노숙자처럼 생활하겠지요. 그게 아니면 친척 집에서 빌붙어 살겠지요. 하지만 괜찮아요. 아빠는 지금처럼 계속 그렇게 편안한 생활을 하세요. 제가 커서 취직을 할 수 있는 20년 후에나 우리 집은 서서히 나아질 테죠? 그 20년간 앞으로 몸은 편하겠지만 마음은 무척 힘드실 거란 걸 잊지 마세요!"

디노는 샘의 말을 듣는 순간 마치 쇠망치로 뒤통수를 얻어맞는 듯했다. 자신도 그 사실을 모르는 바가 아니었다. 그래서 이제껏 구직활동을 열심히 해왔지만, 순간 그 사실을 잊어버린 것이다. 극도의 피로감과 무력감, 샘과

의 잦은 논쟁 때문에 순간적으로나마 자신의 몸이 편해지기를 원하고 있었다. 디노는 샘에게 했던 자신의 말이 얼마나 어처구니없고 바보 같은 말이었는지를 그제야 깨달았다. 그리고 디노는 왜 샘이 그간 트레이닝에 대해 일체 말을 하지 않았는지도 알 수 있었다.

"샘…… 하지만……."

디노는 샘을 향해 어떤 말이든 변명하기 위해 입을 떼기는 했지만 정작 할 수 있는 말은 아무것도 없었다. 그것은 자신에 대한 실망감과 무책임함, 그리고 아버지로서 정작 이때까지 아무것도 해내지 못한 것에 대한 자괴감 때문이었다.

"아빠, 저는 아빠를 괴롭히거나 못살게 하기 위해서 트레이닝을 제안했던 건 아니에요. 그저 저는 아빠가 잘되고 그래서 우리 집이 잘되기를 바라는 마음뿐이었다구요. 그러기 위해서는 뭔가 변화가 필요하다고 생각했고 그건 바로 아빠가 스스로의 힘으로, 자신에 대한 믿음으로 열심히 노력하는 것뿐이에요. 솔직히 제가 아빠를 트레이닝할 수 있다고 보세요? 사실 저는 그저 아빠가 할 수 있도록 옆에서 도움을 주는 보조적인 역할을 할 뿐이라구요."

디노는 그제야 머리가 맑아지는 듯했다.

'그래, 맞아, 이 모든 건 나의 성공을 바라는 샘의 노력이야. 아들이 나를 도와주겠다는데 내가 이제까지 도대체 뭘 망설이고 뭘 두려워했던 거지? 나이가 무슨 상관이야? 결국 잘되면 성공하는 것은 나이고 우리 가정일 텐데 말이야.'

디노가 한동안 혼자서 속으로 생각하고 있을 때 샘은 디노의 눈치를 보며 아무 말도 하지 않았다. 그러다 디노가 신중하게 입을 뗐다.

"그래, 샘. 알겠다. 아빠는 이제야 네가 했던 모든 행동과 말을 이해할 수 있을 것 같구나. 그럼 아빠도 네가 제안한 트레이닝에 더욱 열심히 참여해볼게. 어차피 나를 바꾸고 우리 가정을 바꿀 최종적인 책임을 진 사람은 바로 나니까."

샘의 얼굴에 미소가 피어올랐다.

"정말로요? 고마워요 아빠!"

"고맙긴. 다 우리를 위해서 하는 건데 도대체 뭐가 고맙다는 거야. 당연히 해야 할 일인데!"

샘은 디노의 품으로 달려갔고 디노는 오랜만에 아들을 가슴에 안았다.

그렇게 또다시 본격적인 트레이닝이 시작됐다. 샘은 알람시계를 아빠의 생활계획표에 적힌 대로 새벽 5시 맞추어 놓았다. 그러나 다음 날 아침 디노는 알람이 울리자마자 반사적으로 버튼을 누르고는 다시 잠이 들고 말았다. 정말 꿈인지 생시인지 구분하지 못할 정도로 곯아떨어졌다.

그러나 얼마 지나지 않아 디노는 갑자기 얼굴에 차가운 느낌이 들어 잠에서 깨어났고, 얼굴에 올려진 물수건을 짜증스럽게 떼어 내며 몸을 일으킬 수밖에 없었다.

"벌써 3분이나 지났어요. 서둘러요. 먼저 거실로 나와 체조를 하세요. 어제 결심을 벌써 잊으신 건 아니겠죠?"

샘이 나직하게 말했다. 디노가 아무리 잠결이라도 샘의 말을 이해 못할 정도는 아니었다.

"으, 응. 그럼…… 오늘부터 새로…… 해야지……."

디노가 겨우 일어나 힘겹게 발을 끌며 거실로 나가자, 창문은 모두 열린 상태였고 샘은 벌써 자리를 잡고 서 있었다.

"체조 시작! 목 운동! 팔 운동! 허리 운동! 무릎 굽히고, 펴고, 다시 굽히고, 펴고, 발을 들었다 놓고 심호흡! 천천히 숨고르기……."

샘은 체조가 끝나자 아빠의 풀린 두 눈을 뚫어지게 쳐다보며 왼손으로 책상을 가리켰다.

"다음은 재무관리예요. 필요한 책을 제가 미리 준비해 놓았어요."

디노가 황당하다는 듯이 샘을 바라보자, 샘은 한쪽 눈을 찡그리며 주먹을 쥔 손을 흔들었다.

"파이팅!"

그리고는 디노의 침실에서 알람시계를 가져다 8시에 맞추어 놓았다.

"그럼, 열심히 하세요!"

샘은 디노에게 큰 소리로 외치고는 방으로 들어갔다.

8시가 되자 샘은 책상 앞에서 졸고 있는 디노의 목에 다시 한 번 차가운 물수건을 들이댔다.

디노는 깜짝 놀라 혼비백산했다.

취침
기상
운동
공부
식사
공부

"좋죠? 이제 정신이 확 깨어나는 것 같죠? 이건 다 아빠를 위해서예요. 설마 제가 나가자마자 또 자는 건 아니겠죠?"

디노가 다시 깨어난 걸 확인한 샘은 말했던 대로 책 한 권을 내밀었다.

"여기 이건 마케팅에 관한 거예요. 그럼, 열심히 하세요!"

샘은 알람시계를 조정해놓고는 다시 방으로 들어가버렸다.

그래도 샘은 디노에게 버릇없이 굴지는 않았다. 오히려 정중하고 조용하게 말했다. 그러나 목소리만큼은 또렷하고 단호했다. 그것은 자신의 믿음에서 비롯된 것이었다. 디노 역시 힘들어 보이기는 했지만 예전처럼 짜증을 내거나 하는 수동적인 모습은 찾아볼 수 없었다.

얼마의 시간이 지나자 샘은 다시 아빠를 체크하기 위해 방문을 열었다. 놀랍게도 디노는 재테크에 관한 서적을 읽고 있었다. 줄을 그으며 메모까지 하면서 말이다.

샘은 만족한 듯 오랜만에 미소를 지었다.

그렇게 첫날이 지나가고 있었다. 디노는 밤 9시와 11

시 사이에 줄잡아 2리터나 되는 커피를 마셨다. 쏟아지는 졸음을 쫓기 위해서였다. 그렇게라도 버티지 않았다면 이미 저녁 무렵에 벌써 곯아떨어지고 말았을 것이다.

"내일은 오후 계획에다 노르딕nordic*을 끼워 넣을까 해요."

샘은 곰곰이 생각을 하고 나서 말했다.

"우선 몸이 잠과 싸워 이겨서 컨디션이 좋아져야 정신도 깨어나는 거니까요."

샘의 트레이닝은 순조롭게 진행되기는 했지만 문제는 디노의 잠이었다. 잠은 인간의 의지로 좌지우지하지 못한다는 점에서 트레이닝에서는 가장 큰 걸림돌이었다. 특히 출근 시간 패턴을 잃어버린 디노에게 잠은 매우 큰 골칫덩어리였다.

샘은 디노와 '잠과의 전쟁'을 선포했다.

다음 날 아침 알람시계가 울리자 디노는 시계를 자신의 베개 밑에 쑤셔 넣어버리고, 다시 잠들기 가장 편한

---

nordic 〈운동·오락〉스키 경기에서, 거리 경주·점프·복합의 세 종목을 통틀어 이르는 말. 노르웨이 지역에서 발달하였다.

자세를 취하고 있었다.

그런데 그때였다.

"푸악!"

그는 차가운 물수건이 얼굴에 닿자 놀라 소리를 지르고 말았다.

"샘, 부탁이야. 제발 조금만 더 자게 해줘. 이건 정말 못 할 짓이라고."

샘은 물수건을 디노의 머리 위로 들어올렸다가 다시 얼굴에 사정없이 비벼 댔다.

"이제 그런 말 두 번 다시 하지 마세요!"

샘은 큰 소리로 외치며 베개를 힘껏 잡아당겼다.

"일어나세요! 오늘도 늦었다고요!"

하지만 샘의 노력에도 불구하고 디노는 몸을 웅크릴 뿐 일어날 생각을 하지 않았다. 샘은 재빨리 주방으로 갔다. 양동이에 차가운 물을 가득 채워 질질 끌다시피 하면서 디노의 침실로 가져왔다. 그는 우선 손에 물을 적셔 몇 방울만 디노에게 뿌렸다.

"아빠, 제가 아빠를 위해 뭘 준비했는지 한번 보실래요?"

이에 디노는 몸을 돌려 피곤한 눈을 떠보려고 애썼다.

"제가 한번 한다면 하는 거 아시죠? 셋까지 세겠어요. 하나…… 둘…… 셋……."

샘이 여전히 누워 있는 디노를 향해 양동이를 들어올리는 순간! 디노는 마치 용수철처럼 자리를 박차고 몸을 일으켰다.

"당장 거실로 가서 체조하세요!"

디노는 그렇게 아들로부터 고통스런 훈련을 받아야만 했다. 특히 트레이닝이 빡빡하고 격해질수록 잠과의 전쟁은 더욱 고통스러웠다. 결국 디노는 나름대로의 특단의 조치를 내릴 수밖에 없었다.

그것은 다음 날 아침에 바로 확인할 수 있었다. 샘이 디노의 방으로 들어가려는데 방문이 잠겨 있었던 것이다. 샘은 방문을 두드리며 고함을 질렀다.

"아빠! 당장 문 열지 않으면 차고에 가서 도끼를 가져올 거예요!"

샘은 세 번에 걸쳐 같은 말을 반복했다. 그러나 방 안에서는 아무런 반응도 없었다. 잠시 후, 샘은 문손잡이 위에 도끼를 올려놓고 노크를 했다. 그리고는 문에 귀를 갖다 댔다. 발걸음 소리가 들리는 듯했다. 디노가 문을 열었다.

"너 이젠 제정신이 아니구나!"

샘은 도끼를 손에 든 채 씩씩거리고 있었다.

"이건 아무것도 아니에요. 어서 체조나 하세요! 또 늦었어요."

디노가 입을 열어 뭔가 말을 하려는 순간, 샘이 재빨리 말문을 막았다.

"아무 말씀 마시고 그냥 체조나 하세요! 생각도 하지 마세요. 단지 제가 하라는 대로만 하시면 돼요. 저는 아빠의 트레이너예요. 코치라고요. 자, 어서 움직이세요!"

디노는 도끼에서 눈을 떼지 못하고 있다가 한참이 지난 후 샘을 바라보았다. 샘은 잔뜩 화가 난 표정으로 있는 힘껏 소리를 질렀다.

"아빠, 빨리요!"

그렇게 한바탕 잠과의 전쟁을 치르면서 디노는 어느새 이른 기상 시간에 익숙해지고 있었다. 더불어 디노는 단순히 하루를 규칙적으로 생활하는 것을 넘어, 좀 더 심층적으로 공부도 하고 책도 읽으며 변해가고 있었다. 개론

서를 읽는 것에서 보다 전문적인 책으로 넘어가기 시작

했던 것이다.

8

드디어 아빠가 팔렸어요

샘은 아빠의 트레이닝이 점차 전문화되어 가고 있는 시점이라 조언이 더 필요해 또다시 미셀레의 아빠를 만나고 돌아왔다.

샘이 집에 들어서자 코라는 저녁식사 준비를 막 마친 후라 샘에게 자리에 앉으라고 손짓을 했다.

그러더니 코라는 약간의 한숨 어린 목소리로 푸념을 늘어놨다.

"아까 시장에 갔더니 별로 살 게 없더라. 하지만 맛있게 먹으렴, 샘."

샘이 보기에도 예전에 비해서 식사가 훨씬 부실해진

것이 사실이었다. 아버지의 정기적인 월수입이 끊어진 이후부터 생긴 현상이다. 하지만 샘은 그런 것에 대해 어떤 불평불만도 하지 않았다.

"엄마, 아빠는요?"

그때서야 코라는 디노가 없다는 사실을 깨달았는지 서둘러 남편을 불렀다.

"여보, 뭐 하세요, 빨리 오시지 않고!"

하지만 디노는 대답도 없고 인기척도 없었다. 그래서 샘은 서재에 들어가보았고, 무언가에 심취해 있는 디노의 뒷모습을 볼 수 있었다. 그런데 샘이 가까이 다가갔음에도 불구하고 디노가 전혀 눈치를 못 채자, 샘은 어쩔 수 없이 디노의 어깨를 툭툭 쳤다.

"아빠, 뭐 하세요?"

"응, 왜?"

"저녁식사 하셔야죠?"

"벌써 그런가?"

디노는 읽던 책을 내려놓고 식탁으로 향했고, 샘은 아빠가 심취해 있던 것이 무엇인지 궁금해 내려놓았던 책 표지를 보았다.

《빵집 경영의 신화》

디노는 한 유명한 빵집 회사 사장의 성공 스토리를 읽고 있던 중이었다. 이 책 이외에도 여러 권의 책들이 디노의 책상 위에 놓여 있었다. 샘은 천천히 그 표지들을 훑어보았다.

《맛있는 빵의 비밀》

《맛있는 슈크림 50》

샘은 책의 표지를 보는 순간, 무척 기분이 좋아졌다.

'드디어 아빠가 창업을 생각하시는구나! 이제 됐어. 맛없는 식사도, 우울한 집안 분위기도 이제는 끝이야!'

밥을 먹으면서도 샘은 힐끗힐끗 디노의 얼굴을 쳐다봤다. 트레이닝에 지쳐 짜증을 내던 그런 얼굴은 이미 사라진 후였다. 뭔가 근엄해 보이기도 하면서 한편으로는 중대한 결심을 앞둔 사람처럼 보이기도 했다.

"아빠, 이제 드디어 창업을 하기로 결심하신 거예요?"

디노는 샘의 말을 곱씹어보는 것 같은 표정을 짓더니 이내 입을 열었다.

"흠…… 그간 여러 군데 이력서를 넣어봤지만 큰 도움이 안 되지 않았니. 그러다 보니 이제는 남의 밑에서 일하는 것보다는 스스로의 힘으로 내 인생을 개척하는 것이 낫겠다는 생각이 들었다. 직장생활을 해서 부자가 된다는 것이 쉽지 않음을 깨달았어. 비록 쉽지 않은 길이겠지만 세상에는 그 쉽지 않은 길을 걸어간 부자들이 이미 많지 않니. 이제 이 아빠도 당당한 부자의 대열에 끼려고 한다."

샘은 먹던 음식이 튀어나올 정도로 크게 입을 벌리며 기뻐했다.

"아빠, 축하해요! 아빠는 이제 곧 부자가 되실 거예요. 엄마의 고생도 끝날 거구요, 저녁식사 시간에도 지금보다 훨씬 더 맛있는 걸 먹지 않겠어요! 엄마, 엄마도 기쁘지 않으세요? 이제 우리는 부자가 된다구요!"

하지만 이내 샘의 표정은 서서히 굳어갔다. 코라가 샘을 무표정하게 바라보았고, 디노 역시 큰 호응을 하지 않았기 때문이다. 샘이 머쓱하지만 이해할 수 없다는 표정을 짓고 있을 때, 코라가 다시 음식을 입에 가져가며 말했다.

"하지만 샘, 이제 새로운 사업을 시작한다는 생각뿐인데, 그것만 가지고 어떻게 부자가 될 수 있다고 단정하겠

니. 이제 시작일 뿐이야. 그것만 가지고 성공이 보장되지
는 않아.”

“그래, 그건 네 엄마 말이 맞다. 그리고 가장 큰 문제
는 마음만 가지고는 사업을 할 수는 없다는 거야. 밑천이
있어야 하는 거지. 하지만 우리 집은 이제 더 이상 팔 것
도 없고 남에게 돈을 빌릴 수도 없는 처지야. 은행에서
장기 실직자에게 돈을 빌려주지도 않을 거고…… 마음
이야 잘 해낼 수 있을 것 같지만 문제는 돈이란 말이다.”

샘은 부모님의 말을 가만히 듣고만 있었다. 부모님의
말이 어느 정도는 타당성이 있기 때문이었다.

디노는 저녁을 먹은 뒤에도 책에 빠져 있었다. 그때 샘
이 다시 아빠에게 다가갔다.

“아빠, 이제 모든 게 다 준비됐어요. 아빠는 훌륭하게
트레이닝을 해냈고, 이제 새로운 사업에 도전하기만 하
면 돼요!”

"그 부분에 대해서는 아까도 말했잖니. 밑천이 있어야 한다고. 일단은 최후의 수단으로 이력서를 계속 내면서 창업 준비를 할 생각이다. 하기 싫다는 말이 아니야."

"아빠, 그러면 투자를 받으면 어때요? 투자는 흔히들 하잖아요. 사업 전망을 보여주고 돈을 벌어서 일정한 수익을 주는 그런 방식 말이에요."

"투자? 그러면 더 할 수 없이 좋겠지만 도대체 누가 나에게 투자를 하겠니. 돈이 있는 사람들은 눈에 보이는 확실한 무언가가 없으면 투자를 하지 않는단다. 더군다나 나는 내가 회사를 그만둔 게 아니라 해고를 당한 거야. 사람들의 눈에는 능력이 없는 사람으로 보일 거고, 그런 사람에게 투자를 하는 건 쉽지 않아."

"좋아요, 아빠 그럼 집을 팔아버리는 게 어때요?"

디노의 눈은 다시 동그래졌고, 곧 어처구니없다는 표정을 지었다. 샘의 황당한 말에 옆에서 듣고 있던 코라도 한마디했다.

"샘!"

그러나 샘도 지지 않았다.

"하지만 언제까지나 이렇게 살 수는 없잖아요. 다시

취직을 한다는 건 옛날로 돌아가는 거나 마찬가지고, 그렇다고 여전히 지금처럼 사는 건 더 힘들 일이잖아요. 당장 어렵겠지만 집이라도 팔아서 돈을 마련하는 거예요."

코라가 발끈해서 말했다.

"그럼 잠은 어디서 잘 거고, 밥은 어디서 먹니? 길거리에서 먹으려고 그래?"

"가게에서 하면 되죠. 비록 힘들겠지만 가게에서 먹고 자면서 일을 하면 되잖아요."

이번에는 디노가 고개를 가로저었다.

"아무리 그래도 샘. 집도 없이 가게에서 먹고 자는 건 불가능해. 만약에라도 사업이 잘 안 되면 이제 우리는 완전히 길거리에 나앉는 거야. 노숙자 알지? 그렇게 돼버린단 말이야! 온몸에 꼬질꼬질한 때를 묻힌 그런 거! 지!"

샘도 디노와 코라의 완강한 어투에 약간 풀이 죽은 듯했지만 잠시 후 샘은 심호흡을 깊게 한 뒤 다시 이야기를 시작했다.

"좋아요, 아빠. 정 그러시다면 우리 마지막 방법을 사용해봐요."

디노와 코라는 '이번에는 또 무슨 황당한 방법이야?' 하는 표정으로 샘을 쳐다보았다. 샘은 침을 한번 꿀꺽 삼킨 뒤 이야기를 시작했다.

"아빠를 파는 거예요!"

디노는 손가락으로 자기 자신을 가리키며 한숨을 푹 쉬었다.

"그래요. 신문에다 광고를 내서 아빠를 판 후에 그 돈으로 사업을 시작해보는 거예요. 지금 우리 집에는 팔 물건도 없고, 누가 투자를 해줄 사람도 없다고 하셨잖아요. 또 돈 있는 사람들은 눈에 보이는 것이 아니면 투자를 하지도 않구요. 그렇다면 가장 확실한 건 아빠밖에 없어요. 어린 저나 엄마를 사갈 사람은 없을 테니까, 아빠를 파는 게 제일 좋을 것 같아요."

디노는 아무 말도 하지 않고 책을 다시 집어 들었고, 코라 역시 자리에서 일어나 설거지를 하러 갔다.

샘은 코라와 디노의 이런 행동들이 무엇을 의미하는지 알고 있었다. 한마디로 말도 안 된다는 것, 그리고 아예 말할 가치도 없는 일이니까 더 이상 언급하지도 말라는 의미인 걸 알았지만 무작정 피하기만 하는 부모님의 행동도 이해할 수 없었다.

어제 아무 일도 없었다는 듯이 다음 날도 여전히 조깅
은 계속됐다. 디노 역시 아직 구체적인 미래의 방향이 설
정되지는 않았지만, 오늘 하루를 열심히 살아가는 것이
미래에 분명한 도움이 된다는 것을 알고 있었기에 매일
아침 건강을 위한 조깅을 멈추지는 않았다.

그리고 샘은 어제 꺼냈던 아빠를 파는 문제에 대해서
는 일체 이야기를 꺼내지 않았다. 디노 역시 다시는 언급
하고 싶지 않은 듯했다. 둘은 이제 티격태격하지도 않고
그저 묵묵히 달릴 뿐이었다.

그렇게 운동을 마치고 집으로 들어온 디노는 샤워를
먼저 했고 그동안 샘은 책상에서 무언가 열심히 쓰고 있
었다. 그러더니 아침밥을 먹고 학교로 가기 전에 들고 있
던 가방에서 무언가를 꺼내는 것이 아닌가.

"아빠, 이게 아빠를 파는 신문 광고 문구예요. 한번 보

시고 수정할 게 있으시다 싶으면 체크를 해주세요."

샘은 이렇게 말하곤 서둘러 스쿨버스 정류장으로 향했고, 디노는 고개를 절래절래 흔들며 샘이 남긴 쪽지를 보았다.

우리 아빠를 팝니다!

저희 아빠 디노는 실직 기간 동안 꾸준히 공부를 했고, 이제 사업을 위한 모든 준비가 다 끝났습니다. 나이는 좀 있지만 성실할 뿐만 아니라 열심히 일을 할 수 있는 마음자세까지 갖추었습니다.

가격은 5만 달러입니다.
아래의 주소로 연락을 주세요.

함께 쪽지를 본 코라가 걱정스럽다는 듯이 디노에게 말했다.

"여보, 저는 정말로 일이 어떻게 돼가는지 하나도 모르겠어요. 도대체 샘이 왜 저렇게까지 하는 지도 이해가

아빠를
팝니다!!

되지 않구요. 아휴, 이제 당신이 좀 어떻게 해보세요."

디노는 한편으로 화가 났지만 또 한편으로는 자괴감에
빠졌다. 실직기간 동안에는 그래도 미래에 대한 희망이
라도 있었지만 자신을 판다는 아들이 쓴 광고 문구를 보
는 순간, 이제까지의 삶이 허무하게 느껴졌기 때문이다.

'도대체 나는 어떻게 살아온 거지? 도대체 내가 무슨
잘못을 했기에 아들이 나를 판단 말이야?'

디노는 온몸에 힘이 쭉 빠졌다. 이제는 다시 책을 읽을
용기조차 나지 않았다.

그런 디노와 코라의 마음을 아는지 모르는지 오후에
집으로 돌아온 샘이 아무렇지도 않은 듯이 말했다.

"아빠, 광고 문구는 어떤 것 같아요?"

"샘, 너 정말로 나를 팔 셈이니? 그래서 다시는 아빠를
보고 싶지 않다는 말이야? 아빠를 판 5만 달러의 돈을 받
으면 퍽이나 행복하겠구나!"

"아빠, 제가 아빠를 판다는 건 그런 게 아니잖아요. 아
빠를 어딘가에 노예처럼 팔아서 그 돈으로 저와 엄마가
행복하게 살자는 게 아니라, 아빠의 능력, 성실함을 팔아

서 그 돈으로 밑천을 만들자는 이야기잖아요."

"그래, 좋아. 사업을 위한 밑천을 만들자는 건 찬성이
다. 하지만 꼭 그렇게 이런 광고까지 내야 하겠니? 나도
아는 사람들이 많단 말이야. 동창생이며 옛 동료들이 이
광고를 보면 어떻게 생각하겠니. 꼭 무능한 아빠라고 대
대적으로 광고를 해야겠니!"

샘이 다소 화가 난 듯한 표정으로 디노의 말을 이었다.

"아빠는 우리 가족이 더 중요하세요? 아니면 아빠의
이미지가 더 중요하세요?"

디노도 더 이상 샘의 말에 대꾸 하기가 힘들었다. 가장
으로서의 무능함은 그 어떤 것으로도 해결될 수 있는 것
이 아니었기 때문이다.

"아빠, 이 방법은 우리가 할 수 있는 마지막 방법이에
요. 팝퍼라팝, 기억나지 않으세요? 자신의 죄를 다른 사
람에게 미루지 마라. 비록 아빠가 죄를 지은 건 아니지만
우리 가정을 책임질 수 있는 유일한 사람은 바로 아빠라
구요!"

샘이 코라를 바라보며 무언가 이야기를 해달라는 눈빛
을 보냈다.

"그래, 아빠밖에는 이 문제를 해결할 사람이 없다는
건 알고는 있다만, 그렇다고 해서 광고까지 해서 아빠를
파는 건……."

"엄마, 엄마까지 이러시면……."

그때 디노가 천천히 코라와 샘을 바라보더니 마음의
결정을 한 듯 단호한 목소리로 이야기를 했다.

"그래, 좋다 샘. 네 생각대로 해보자. 어차피 이렇게는
더 이상 살아갈 수 없으니 이러나저러나 마찬가지일 뿐
인지도 모르겠다. 아빠를 살 수 있는 사람만 있다면, 아
빠를 팔아서라도 사업 밑천을 마련하고 그걸로 우리가
부자가 될 수 있도록 노력해보자."

아빠의 갑작스러운 결심에 샘도 순간적으로 당황한 듯
했지만 서서히 얼굴에는 미소가 번졌다.

광고가 나가고 디노의 결심이 선 뒤 샘의 집에는 하루
종일 긴장감이 흘렀다. 조그만 전화벨소리라도 울리면
모두들 한꺼번에 전화로 달려가기도 했고, 혹시 편지가
오지는 않을까 해서 하루에도 두세 번씩 우체통을 뒤지
기 일쑤였다.

디노는 은근히 기대를 하면서도 또 한편으로는 '도대

체 누가?' 라는 생각을 떨치지 못했다. 아들이 제안한 것이 마지막 방법이란 건 알고 있었지만, 그것이 실제로 이루어진다는 것이 현실처럼 느껴지지 않았다.

그렇게 삼 일째 되던 날.

밖에서 누군가가 큰 소리를 지르며 현관으로 뛰어 들어왔다. 샘이었다.

"아빠, 엄마, 드디어 왔어요! 아빠를 사겠다는 사람이 나타났다구요!"

샘의 말을 듣자 디노는 오히려 차분해지는 것 같았다. 아직도 '설마' 하는 기분을 떨쳐내기 못했다. 편지를 건네받은 디노가 한 글자 한 글자 천천히 편지를 읽어가기 시작했다.

디노 & 샘

귀하의 광고는 잘 보았습니다.

이 기발한 광고를 저는 아주 깊은 생각을 가지고 보았고,

이렇게 결정을 내리기까지도 많은 생각을 했습니다.

결론적으로 말씀드리자면 저는 '디노' 씨를 살 의향이 있

음을 말씀드립니다.

3일 이내에 전화를 주시고 저희 회사를 찾아와주십시오.

디노는 안도의 한숨을 내쉬는 듯했다. 코라는 과연 이
게 진짜인지 가짜인지 편지를 앞뒤로 뒤집어 보기도 하
고 편지지를 다시 한 번 손으로 만지작거리기도 했다.

"여보, 이게 정말일까요? 누군가 장난으로 보낸 편지
는 아닐까요?"

"그렇지는 않을 거야. 여기에 있는 주소는 좋은 회사
들이 몰려 있는 곳이야. 장난으로 보냈다면 이렇게 정확
하게 주소를 쓰기는 힘들 테니까."

샘 또한 매우 들떠 있었다.

"아빠, 일단 제가 전화를 해볼게요. 그리고 약속을 잡으면 진짜인지 아닌지를 알 수 있잖아요. 잠시만 기다려 보세요."

샘이 전화로 달려가 편지에 적힌 번호대로 숫자를 눌렀다. 잠시 후 회사 관계자와 통화가 이루어졌고 모든 것이 장난이 아닌 사실이란 것을 확인할 수 있었다. 이에 우쭐해진 샘은 자신만만한 표정으로 편지를 흔들며 집안 구석구석을 뛰어다녔고, 디노는 코라를 꼭 껴안았다.

"여보, 이제는 정말 잘 될 수 있을 거야. 이렇게 나를 사겠다는 사람이 나타났으니 이제 나도 나의 능력을 인정받은 거 아니겠어? 누군지는 모르겠지만 내일 꼭 만나서 당당하게 내 능력을 보여주겠어!"

그날 밤 모두 잠자리에 든 사이, 샘이 베개를 들고 디노와 코라의 방으로 들어섰다.

"무슨 일이니, 샘?"

"이렇게 기쁜 날 어떻게 저 혼자 잘 수 있겠어요."

샘은 마치 아기처럼 디노와 코라의 사이를 비집고 들어가 누웠다. 코라는 그런 샘의 행동이 무척이나 귀엽다는 듯이 말했다.

“아기일 때는 옆에서 같이 자도 비좁지 않았는데, 이제는 좀 비좁구나.”

디노도 샘의 어린시절이 생각난다는 듯이 조용히 웃었다. 그때 샘이 아빠의 팔에 머리를 기대면서 말했다.

“아빠, 제가 예전에 읽었던 책에 이런 내용이 있었어요. 작은 성공의 경험이 더 큰 성공을 불러온다. 그것이 크든 작든 성공을 해본 사람은 성공에 대한 자신감을 갖게 되고, 그것이 밑바탕이 돼서 더 큰 성공을 불러올 수 있다는 이야기예요. 아빠는 이제 작지만 성공을 한 거나 마찬가지예요.”

디노는 샘의 말에 아무런 말도 하지 않은 채 샘을 꼭 껴안아 주었다.

다음 날 아침, 샘과 디노, 코라는 묘한 흥분감에 빠졌다. 드디어 오늘, 디노를 사겠다는 그 투자자를 만나는 날이기 때문이다.

디노는 예전에 샀던 고급스러운 양복을 다시 꺼냈다. 잠시 양복을 바라보던 디노.

"샘, 사실 아빠는 다시는 이 양복을 못 입을 줄 알았단다. 그리고 이 양복 산 걸 얼마나 후회했는지."

코라가 말없이 다가가 그런 디노 부자의 모습을 흐뭇하게 바라보며 디노가 양복 입는 걸 도와주었다.

그렇게 셋은 나갈 채비를 마쳤다. 그리고 편지 봉투에 적힌 주소가 있는 곳으로 찾아갔다. 족히 30층은 넘어 보일 듯한 고층 건물 입구에는 경비원이 무전기까지 들고 서 있었다. 무척이나 바빠 보이는 사람들이 수시로 회전문을 돌리며 들어가고 있었고, 바로 앞 차도에서는 택시며 승용차들도 갈 길을 서두르고 있었다.

똑! 똑!

디노가 문을 두드리자 젊은 여직원이 문을 열어주며 웃어주었다.

"디노 씨?"

"예, 맞습니다. 제가 바로 디노입니다."

"네, 잠시만 기다려주세요."

젊은 여직원이 사장실로 들어간 후 바로 나오더니 친

절하게 안내하자, 디노는 사뭇 긴장이 된다는 듯이 옷매
무새를 다시 한 번 고치고는 천천히 발걸음을 옮겼다. 코
라 역시 혹시나 남편의 옷에 뭔가라도 묻은 것이 없나 다
시 한 번 살펴보느라 정신이 없기는 마찬가지였다.

드디어 디노는 투자자의 방으로 들어갈 수 있었다. 크
고 널찍한 책상에 약간은 자유스러운 듯한 복장, 양복은
입었지만 넥타이는 하지 않은 깔끔한 와이셔츠가 유난히
돋보였다. 그는 책상에서 일어나 두 팔을 약간 벌리는 듯
한 제스처를 취했다.

"반갑습니다, 디노 씨. 자 이리 앉으시죠."

그리고 그는 샘을 쳐다보았다.

"샘, 그동안 잘 있었니? 다시 만나게 돼서 반갑구나."

샘이 가볍게 그를 향해 웃어주었다. 순간 디노와 코라
는 어리둥절했다.

'잘 있었냐고? 다시 만난 거라고? 이건 도대체 무슨
이야기지?'

투자자가 말을 이었다.

"샘, 드디어 네가 성공을 했구나. 축하한다."

"그렇지 않아요, 드라봉 씨. 다 아빠의 노력 덕분이에

요. 저는 옆에서 아빠가 잘 하실 수 있게 도움만 주었던 걸요. 아빠가 스스로 의지를 갖지 않으셨다면 결코 성공할 수 없었던 일일 거예요."

정확히 상황 파악이 안 된 디노가 샘과 드라봉을 번갈아봤다. 그러자 디노의 상태를 파악한 드라봉이 디노에게 말을 건넸다.

"디노 씨, 잘 이해가 안 되실지 모르겠지만, 사실 이 모든 일의 배후에는 바로 당신의 아들 샘이 있었어요. 당신의 똑똑한 아들이 아빠를 5만 달러에 팔 수 있게 만든 거예요."

"네? 그렇다면 애초에 제가 팔릴 예정이었단 말인가요?"

"아니요. 그렇지는 않아요. 당신 스스로 자신을 팔아서라도 가족을 부양하겠다는 책임감을 느끼지 못했다면 결코 당신은 팔리지 않았을 겁니다. 팝퍼라팝. 바로 그 정신이 오늘날 당신을 팔릴 수 있게 했던 거예요."

코라가 옆에서 물었다.

"그렇다면 샘과 드라봉 씨는 이미 예전부터 알고 계셨단 말이에요?"

“네, 맞습니다. 저의 딸 미셸레와 샘은 친구사이예요. 어느 날 저는 딸의 남자친구인 샘의 고민을 알게 됐죠. 자신의 아빠를 부자로 만들고 싶다는군요. 그래서 저는 몇 번 샘을 만났고 어떻게 하면 아빠를 변화시킬 수 있는지, 그리고 부자가 되기 위해서는 무엇이 필요한지를 말해주었습니다. 하지만 사실 저는 샘이 이렇게까지 해낼지는 상상도 못했어요. 다만 어린아이의 한때의 열정이라고 생각했는데…… 이렇게 제가 5만 달러를 내놓을 수밖에 없게 만들었으니, 제가 진 거죠. 샘! 네가 이겼다! 하하.”

드라봉은 즉시 5만 달러 수표를 여자직원에게 가져오게 했고, 곧바로 사인을 한 후 디노 앞에 내놓았다. 디노는 사뭇 떨리는 손으로 5만 달러를 손에 쥐고 코라를 쳐다보았다. 코라 역시 흥분한 마음을 갖추지 못했다. 이때 다시 디노가 물었다.

“그런데 드라봉 씨, 저를 사서 어떤 용도로 쓰실 건지요?”

“그건 이미 샘이 말을 한 것이나 마찬가지지요. 저는 이 돈으로 노예를 산 것이 아니라 자신의 사업을 해나가면서 저를 도와줄 수 있는 노련하면서도 성실한 사람을 구하고 있었습니다. 하지만 애초부터 사업을 해오던 사람들은 다른 사람과 같이 사업을 하려고 하지도 않고 욕심이 많아서 함께 일하기가 쉽지 않아요. 그러던 중에 디노 씨의 이야기를 듣게 됐고 잘만 트레이닝이 된다면 충분히 저와 함께 일을 할 수 있을 거라는 생각을 했습니다. 일단 제가 운영하는 K마트에서 빵집을 열고 입점을 하세요. 5만 달러면 사업 밑천은 충분히 될 겁니다. 그리고 사업이 성공하면 저에게 수익금을 나눠주시면 됩니다."

"그럼 드라봉 아저씨! 저희 아빠가 드디어 새로운 사업을 시작하시는 거예요?"

"그럼! 똑똑한 샘이 있었기 때문에 이제 새로운 베이커리 사업을 시작할 수 있게 된 거지."

"와! 아빠 축하해요!"

"여보, 축하해요! 드디어 당신의 노력이……."

코라는 더 이상 말을 잇지 못했다. 그것은 디노도 마찬가지였다. 너무 기뻤지만, 조금은 어리둥절했지만 너무 행복한 순간이었다.

쉿! 트레이닝의 비밀

시내 중심가에 있는 〈디노스 베이커리〉는 어김없이 아침 6시면 문이 열리고 향긋하고 구수한 빵 냄새가 난다. 20명이 넘는 직원들은 모두 제각기 맡은 일을 하느라 구슬땀을 흘리고, 7시가 되면 빵을 사려는 사람들이 하나둘씩 줄을 선다. 막 구운 맛있는 빵을 사서 아침 식사를 준비하는 부인들, 학교에 가기 전에 빵으로 아침을 해결하려는 학생들이 길게 줄을 늘어서 문이 열리기만 기다렸다. 그중에는 매일 아침 만나서 서로 안면이 있는지 가볍게 눈인사를 하거나, 혹은 이제는 아예 친해져서 아침부터 수다를 떠는 사람도 있었다. 정각 7시가 되자 문이

열리고 〈디노스 베이커리〉의 사장 디노 씨가 고객들을
향해 인사를 한다.

"안녕하세요? 편한 밤 되셨는지요? 오늘도 어김없이
디노스 베이커리가 문을 열었습니다. 디노스 베이커리를
찾아주신 여러분 감사합니다!"

고객들을 향한 디노의 쾌활한 아침인사는 벌써 10년째
이어지고 있다. 대형마트에 입점하면서 최초로 창업을
한 디노는 이제 인근 지역에만 4개의 체인점을 가지고
있고 아직도 체인점을 열겠다는 사람들의 문의가 끊이질
않고 있었다. 가게 안으로 우르르 몰려 들어간 손님들은
조금이라도 더 신선한 빵을 구하기 위해 분주하게 움직
였고, 오전 10시가 되자 한쪽에선 체인점 상담이 시작되
었다.

그곳에는 까다로워 보이는 중년 여성이 체인점 계약
조건에 약간의 불만을 토로하고 있었다.

"디노스 베이커리는 계약금이 다른 곳보다 훨씬 비싸
요. 거기다가 제품의 질에 대한 고객 불만이 5회 이상 본
사에 접수되면 계약을 일방적으로 해지한다니, 너무 불
공정한 계약이 아닌가요?"

그녀는 눈을 번뜩이며 자신의 의견이 꼭 관철되기를 바라는 마음에 약간 과도한 제스처까지 사용하면서 말했다. 그러자 디노스 베이커리의 직원으로 보이는 잘생긴 청년이 가볍게 웃으며 대답했다.

"하지만 디노스 베이커리가 고객들에게 얼마나 많은 신뢰를 받고 있는지는 사모님께서 더 잘 아시지 않습니까. 저희 창업주는 제품의 질에 관한 한 어떠한 양보도 하지 않으십니다. 아예 체인점을 열지 않을지언정 고객들에게 질 나쁜 빵을 제공하지는 않을 거예요. 그리고 소비자 불만이 5회 이상 제기된다는 건 그만큼 문제가 있다는 증거 아닙니까? 까다로운 조건으로 생각하실 수도 있겠지만, 저희 체인점의 창업 실패확률이 0퍼센트에 가깝다는 건 언론을 통해서도 검증이 된 겁니다."

그녀는 콧잔등까지 내려온 안경을 추켜세우더니 머뭇거렸다.

"음…… 뭐…… 그렇긴 하지만……."

"그럼 계약은 어떻게 하시겠습니까. 좀 더 시간을 드릴까요? 그 지역에는 이미 3명의 후보자들이 기다리고 있는 상황이니, 하루라도 늦으면 아마 원하시는 지역에서 계약을 하기는 힘드실 거예요.”

“알았어요! 알겠다구요! 그럼 지금 계약을 하지요.”

청년은 고개를 끄덕이며 계약서를 내밀었다.

계약이 끝나자 청년은 한숨을 휴우~ 하고 내쉬며 갖가지 서류들을 정리했다. 책상 위에는 이미 수십여 장의 계약서가 수북하게 쌓여 있다. 그는 다시 한 장의 깨끗한 백지를 꺼내 무언가를 계속해서 적더니 탁, 하고 펜을 탁자에 놓고 자리에서 일어서면서 가게 밖을 향해 소리를 쳤다.

“아빠, 이번 달에만 벌써 가맹 건수가 50건이 넘었어요. 가맹비만 100만 달러라구요!”

가게 밖에서는 〈디노스 베이커리〉 사장 디노와 또 한 명의 남자, 드라봉이 테라스에 앉아 커피를 마시고 있었다. 그때 드라봉이 활짝 웃으면 말했다.

“디노, 이제 자네도 부자가 됐어. 그리고 저렇게 든든한 아들 샘이 옆에 있으니 걱정할 거리가 무엇이 있겠나!”

아빠를 트레이닝했던 당돌한 어린 샘은 이제 어엿한 대학생이 되어 있었다. 그것도 경영학과에서 높은 점수를 받으며 매 학기 장학금까지 받아 왔다.

"그래, 아마도 샘이 없었다면 오늘의 나도 없었을 거야. 그리고 자네가 나를 5만 달러에 사주었기에 망정이지, 그게 아니었으면 아마도 돈 없는 늙은 할아버지가 되어 있었을 거라구! 하하."

디노와 드라봉은 이제 어느덧 친구처럼 편한 사이가 되어 있었다. 10년이라는 오랜 기간 동안 허물없이 서로를 이해하고 또 어려울 때는 서로를 도와주는 훌륭한 관계를 유지했다.

드라봉이 잠시 과거를 회상하는 듯한 눈빛으로 말했다.

"디노, 그런데 말이야, 자네는 어릴 때 샘이 자네에게 뭘 가르쳐준 줄 아나?"

"아, 참 오래전의 일이네. 하지만 그때 나는 뭐가 뭔지 몰랐어. 그저 실직을 한 후 하루하루 초조와 긴장 속에서 살아갔을 뿐이지. 그리고 매일매일 날 트레이닝하려고 했던 샘과 싸우던 기억밖에 나지 않는단 말이야."

"나는 아직도 잊지 않고 있다네. 물론 내가 샘에게 알려준 것이기도 하지만, 디노 자네는 그때 인생에 있어서 굉장히 중요한 것을 배웠다네. 그것은 자신의 삶을 개척

Dino's Bakery
Dino's Bakery

해나가, 결국에는 부자에 이르게 하는 길이었어.”

“그래? 그게 도대체 뭐란 말인가?”

드라봉은 직원을 부르더니 주스 한잔을 더 가져다 달라고 부탁하고는 말을 이었다.

“나와 샘은 자네에게 가장 먼저 ‘부자 마인드’를 가지게 하려고 노력했어. 기억나지 않는가. 처음에 샘이 자네에게 비싼 옷과 부자들만 타고 다니던 BMW를 빌리게 했던 거 말이야. 외모를 바꾸게 되면 자신도 모르게 부자인 것 같은 착각이 들어. 하지만 착각이라고 해도 모든 착각이 다 나쁜 건 아닐세. 머릿속에서만 상상하던 모습이 외모에서만이라도 구현이 되었으니 이제 진짜 부자가 되고 싶은 열망을 키워줄 수 있기 때문이지. 혹시 자네는 그렇지 않았나?”

“아, 그래, 생각해보니 맞는 말이야. 나는 그때 매일 밤 아무도 몰래 밖으로 나가 편법으로 빌린 BMW를 보면서 생각했어. ‘이게 진짜 나의 것이라면 어떨까’ 하고 말이야. 상상만 해도 즐거운 일이지. 그런데 이미 BMW가 내 눈앞에 있는 걸 보고 나는 더욱 부자가 되고 싶다는 생각을 했던 것 같아.”

드라봉은 새로 가져온 주스를 한 모금 들이켠 후 다시
말을 이어갔다.

"맞아, 바로 그걸세. 사람들은 자신의 외형이 바뀌면
내면까지 바뀌게 마련이야. 그게 바로 사람을 변화시키
는 방법 중의 하나이지. 물론 당시에 자네는 매우 당황하
고 매우 많은 돈을 쓰긴 했지만 그렇게 하지 않았다면 자
네는 아마 애초에 부자에 대한 열망을 갖지 않았을 수도
있어."

디노가 반짝이는 눈으로 말했다.

"호오! 근데 샘과 자네가 날 변화시키기 위해서 그렇
게 치밀한 전략을 세웠단 말이야?"

"그렇고 말고, 그때 샘은 열정으로 불타고 있었거든."

"그럼 다음은 뭔가? 물론 그것만이 다는 아니겠지?"

"두 번째는 절망적인 방법에서 빠져나오는 방법이야.
사람들이 우울증에 걸리는 것도 바로 이렇게 자신의 상
황에서 빠져나오기가 힘들기 때문이지. 한번 격정적인
감정이나 절망에 휩싸이게 되면 주변의 것은 잘 보이지
가 않아. 그렇게 점점 밑으로 밑으로 가라앉게 되면 끝내
는 절망 속에서 실패자가 되고 마는 법이지."

디노는 자신의 과거가 생각난다는 듯이 두 손으로 스윽 얼굴을 문질렀다. 계속 드라봉이 말을 이어갔다.

"그래서 샘은 자네에게 끊임없이 주문을 외우게 했어."

"응? 무슨 주문?"

" '나는 살아 있다. 나는 할 수 있다'는 주문 말이야. 아무것도 아닌 것처럼 보이지만 이 말을 계속해서 외우다 보면 자신도 모르게 힘이 나게 마련이지. 무의식적으로 완전히 자신을 믿어버리게 돼. 주문이란 게 원래 다 그런 거 아닌가."

디노는 새벽 공기를 마시며 샘과 했던 조깅이 생각났다. 그리고 '나는 살아 있다. 나는 최고다'를 외치면서 자신의 마음속에 희미하게 생겨났던 그 자신감의 불씨를 기억해낼 수 있었다. 점점 디노의 얼굴에 흐뭇한 미소가 번져갔다.

"세 번째는 말이야…… 음…… 기억나나? 팝퍼라팝!"

디노가 잠시 생각에 잠기더니 크게 웃음을 터뜨렸다.

"하하하, 기억나고말고. 내가 좌절하고 있을 때 샘이 말했지, 팝퍼라팝! 이라고."

"맞아. 자신의 죄, 즉 자신이 해야 할 일은 그 누구에게도 미룰 수 없어. 부자가 되지 못하는 불성실한 사람은 끊임없이 자신의 일을 남에게 미루고 자신의 죄를 남의 탓인 양 생각해. 하지만 세상에 그런 일은 아무것도 없지. 오로지 혼자 책임지고 혼자서 모든 것을 이뤄가기 마련이거든."

디노는 드라봉의 말에 많은 흥미를 느끼고 있었다. 과거의 기억들, 그리고 그 과거의 행동들이 어떻게 해서 이루어졌는지를 하나하나 깨달아가고 있었기 때문이다. 디노는 다시 한 번 가게 안에 있는 샘을 바라보았다. 초롱초롱한 눈빛으로 종업원들에게 여러 가지 교육을 시키고 있는 모습이 들어왔다. 드라봉이 주의를 환기라도 시키려는 듯이 약간 큰 소리로 말했다.

"가장 중요한 두 가지는 이제부터야."

"아, 그렇군. 나머지 두 가지는 뭔가?"

"그 둘 중의 하나는 바로 '스스로 내가 왜 부자가 되어야 하는가'라는 질문에 스스로 대답하는 일이라네. 아마 자네가 직장생활을 할 때는 그 생활에 만족한 나머지 이러한 질문을 해보지도 않았을 테지?"

"맞아. 나는 그때 부사장이 될 꿈을 꾸고 있었지. 물론 우리 사장은 나를 부사장으로 키워줄 생각을 꿈에도 하지 않았지만 말이야. 그리고 샘이 끊임없이 '부자가 되자'고 말했지만 난 짜증만 냈었거든. 그때 우리 집은 못 사는 것도 아니었고 당장 생활에 불편한 점이 있지도 않았어. 그래서 난 샘의 말이 곧이곧대로 귀에 들리진 않았던 거지."

"어쩌면 샘이 했던 그 모든 트레이닝은 바로 이렇게 '왜 내 자신이 부자가 되어야 하는가'라는 것에 답을 했던 과정일지도 모른다네."

디노가 갑자기 생각났다는 듯이 드라봉에게 되물었다.

"그런데 자네는 왜 부자가 되고 싶었나?"

드라봉은 어린 시절 자신의 모습이 떠올랐다. 그는 자신의 젊은 시절에 대해 말하기 시작했다. 중산층의 가정에서 자란 그는 돈 때문에 불편함 없이 자라왔고 그래서 돈에 대한 소중함을 잘 몰랐었다. 오히려 그는 돈보다는 '자유'라는 가치에 더욱 매달려 왔다. 그래서 그는 돈을 모을 줄 몰랐다. 돈을 모은 후에는 그것을 펑펑 쓰는 것, 그것이 진정한 자유와 행복이라고 생각했기 때문이다.

"디노, 나는 정말로 자유롭고 당당해지고 싶었네. 그래서 부자가 되기로 결심한 거야."

디노가 의아한 표정을 지었다.

"자유? 당당함? 그건 좀 이상하네. 원래 부자라고 하면 화려함, 편안함, 뭐 그런 것 때문에 부자가 되고 싶어 하는 것 아닌가?"

"물론 그럴 수도 있지. 그리고 대부분의 사람들이 돈을 많이 벌면 자신이 편하고 안락한 생활을 할 수 있다는 기대를 하지. 물론 궁극적으로는 그런 결과가 있겠지만 말이야, 사실 따지고 보면 마음속에 더 깊은 갈구가 있었네. 바로 돈으로부터 자유로워지는 것이었지. 가난한 사람들은 한평생 돈을 생각하고 돈을 추구하고, 그 돈을 아끼려고 머리가 깨질 지경이야. 온통 돈에 대한 생각뿐이라고! 나는 그게 싫었어. 그래서 돈에 대한 생각을 없애고 내가 좀 더 즐겁게 살기 위해 오히려 돈을 많이 벌었지. 자네는 혹시 아들 샘에게 좀 더 당당한 모습을 보이기 위해서 부자가 되고 싶지 않았나?"

디노는 흠칫 놀라는 표정을 지었다.

"음, 음…… 사실은 그게 맞아. 당장 생활 형편이 어려웠기도 했지만, 좀 더 깊은 부분에서는 샘에게 존경받는 아빠가 되고 싶었어.”

“그래, 맞아. 부자가 되고 싶은 이유는 사람들마다 모두 다르겠지만, 단순히 좀 더 편안하게 생활하고 싶다는 생각만 가지고는 부자가 되기 쉽지 않아. 왜 그런지 아나?”

“글쎄.”

“나중의 편안함을 위해서 지금의 불편함을 감수하는 사람은 그렇게 많지 않거든. 편안함을 위해서 돈을 벌고자 하는 사람은 오래가지 못해. 그 돈을 현재에 쓰면서 현재의 편안함을 추구하는 경우가 많기 때문이지. 결국 많은 부자들은 단순히 돈을 모으거나, 혹은 단기적인 목표보다는 좀 더 근본적이 목표가 있는 경우가 많지. 자네와 나처럼 말이야.”

디노는 속으로 곱씹어 보았다.

‘자유와 당당함, 그리고 존경……’

생각해보니 그랬다. 디노는 애초에 샘이 부자가 되어보라고 했을 때도 짜증만 났다. 지금의 생활이 불편하고 못사는 것도 아닌데 왜 부자가 되어야 하냐고. 그때만 해도 디노에게는 자유와 당당함에 대한 갈구가 없었다. 그 당시 디노의 목표는 그저 하루하루 행복하게 사는 것과 회사에서 잘리지 않고 부사장까지 올라가는 것, 그것이 전부였다.

디노는 자신을 위해 샘과 드라봉이 썼던 마지막 트레이닝 방법에 대해 물어보았다. 하지만 드라봉은 약간 장난기 넘치는 쌜쭉한 표정을 지을 뿐이다.

"이 사람, 너무 욕심이 많구만. 아~ 배가 고픈데 우리 어디 괜찮은 레스토랑이나 가볼까?"

디노는 이내 말의 의미를 알아챘다.

"하하, 이 사람, 나보다 더 부자면서 밥 먹는 데는 굉장히 돈을 아낀단 말이야. 좋아. 오늘은 내가 최고급 레스토랑에 가서 밥을 사지."

둘은 디노의 차인 BMW를 타고 시내 중심가로 나갔다. 디노는 일식을, 드라봉은 프랑스 요리를 먹고 싶어 했다. 그러다 마치 아이들처럼 티격태격한 후에 겨우 드라봉의 프랑스 요리로 결정이 났다.

그리고 음식점에 들어가 자리를 잡은 그들은 그날을 장식할 맛있는 요리를 주문했다. 그들은 잠시 후면 이곳

일대에서 판매하는 음식 중에서 가장 비싼 프랑스 요리를 즐길 생각에 들떠 있었다.

그러다 궁금증을 참지 못한 디노가 먼저 입을 열었다.

"자, 그럼 이제 마지막 비결이 무엇이었는지 알려주게. 설마 내가 돈을 계산할 때까지 기다리겠다는 건 아니지? 저녁 값은 지금이라도 낼 수 있으니까 말이야."

드라봉이 유쾌하게 손을 가로저었다.

"디노, 만약 자네가 〈디노스 베이커리〉라는 이름 외에 또 다른 브랜드로 빵집을 연다면 성공할 수 있을 것 같은가, 없을 것 같은가?"

디노는 너무나 당연하다는 듯 힘차게 말했다.

"드라봉, 무슨 말을 하는 건가. 그거야 당연히 성공할 수 있지. 이미 〈디노스 베이커리〉를 이만큼이나 성공시켰는데 내가 뭘들 못하겠나!"

디노의 말에 드라봉이 식탁을 가볍게 차면서 기다렸다는 듯이 말했다.

"바로 그거야 디노! 자네는 이미 성공을 경험해 보았기 때문에 또 다른 일에도 성공할 것이라는 확신을 가질 수 있게 된 거야. 그리고 그런 강한 자신감으로 일을 한다면 반드시 성공하게 되는 거야!”

“그건 맞는 말이네만 그것과 자네가 나를 5만 달러에 산 것과는 무슨 연관이 있지?”

“그것은 샘과 내가 자네에게 작은 성공의 경험을 주려고 했던 거야. 그리고 그 경험을 통해서 강한 자신감과 자기 자신에 대한 확신을 주었던 것이지. 자네는 스스로가 5만 달러에 팔린 후에 은근한 자부심을 갖지 않았었나? 그간의 트레이닝을 성공적으로 해왔다는. 그래서 결국 내가 당신에게 투자했다는 그런 자부심 말이야.”

“그거야 두말하면 잔소리지!”

“성공의 경험이 없는 사람은 성공이 무엇이지 모른다네. 그리고 그것이 삶에서 어떤 영향을 주는지도 몰라. 성공이 주는 환희, 성취감…… 이런 삶의 즐거움을 모르니 하루하루 술이 주는 행복이 전부인 줄 알고 살아가는 사람이 많은 거지.”

“드라봉…… 정말이지 자네는……!”

드라봉은 가슴 깊이 뿌듯한 미소를 지어 보였다. 디노는 그의 철학에 감탄하며 고개를 절래절래 흔들었다.

디노가 다시 한 번 물었다.

"이제 정말 모두 말한 건가? 더는 없는 거야?"

"하하, 그게 다라네. 그게 자네가 부자가 될 수 있는 비결의 전부야. 왜, 너무 쉬워 보이나? 하지만 부자가 되지 못하는 사람들은 이렇게 쉬워 보이는 것조차 실천을 하지 못해. 그러니 어떻게 부자가 될 수 있겠나."

"그렇군. 자네 말이 맞는 것 같네."

"내 말이 어디 틀린 적이 있었던가. 하하. 그리고 잊지 말게나."

"뭘 말인가?"

"자네 아들 말일세, 그리고 팝퍼라팝!"

"아! 팝퍼라팝! 내가 부자가 될 수 있었던 그 주문······."

자신의 삶은 자신이 책임지는 것이다!

당신을 부자로 만드는 mind key!

첫 번째 열쇠

외모를 바꿔라. 그러면 내면까지 바뀐다.

변화된 외모로 인해 부자에 대한 열망을 불러일으킬 수 있다.

두 번째 열쇠

절망적인 상황이나 생각에서 빠져나와라!

절망에 빠져 사는 것은 실패자가 되는 지름길이다.

세 번째 열쇠

왜 내가 부자가 되어야 하는지 생각하라!

부자가 되려는 이유를 찾아야 돈으로부터 자유로워질 수 있고
진짜 부자가 될 수 있다.

네 번째 열쇠

항상 자신에게 긍정의 주문을 외워라.

팝퍼라팝!
자신이 해야 할 일을 그 누구에게도 미루지 말자!
어떤 상황에서도 혼자 책임지고 혼자서 모든 것을 이뤄야 한다!

아빠를 팔 생각을 한 샘은
나보다 고수였다

개그맨 전유성

어렸을 때 아버지한테 야단맞고 나면 그날 밤 잠자리에서 아버지를 바꾸는 공상을 해봤던 적이 있다. 어디 가서 좋은 아버지 하나 구해야지! 어디 아버지뿐이랴! 엄마도 바꾸고 싶었다. 아버지나 엄마를 투표로 뽑을 수는 없나? 부모를 내 맘대로 고를 수는 없나?

야단 한번 맞았다고 어린 마음에 불효막심한 생각을 숱하게 했다. 또 어떤 어른은 '너희는 선택의 여지가 없이 세상에 태어난 거다. 그러니 부모님과의 인연은 어쩌구저쩌구 하니까 잘해야 한다'는 말을 하기도 했지만 속칭 '엿같이' 들리던 때도 있었다. 그리고 그런 말은 왜

하는 거야? 하면서 '저건 어른들이 애들을 부려먹기 위해 찾아낸 교활한 말이야' 라고 생각한 적도 있었다.

이 책의 제목은 《아빠를 팝니다》이다. 외국에도 나하고 비슷한 생각을 하는 불효막심한 놈(?)이 또 있구나 싶었다. 그래, 근데 나는 왜 팔 생각을 못했을까? 바꿀 생각만 하고!

그런 점에서 본다면 이 책의 주인공 샘은 나보다 한층 고수인 아이다. 아빠를 팔아서 돈을 벌 수 있다니 말이다. 그러나 책의 내용에서 정작 중요한 건 아빠를 '팔기 전까지'의 과정이다. 이를 통해서 샘의 아빠 디노는 소심한 직장인에서 훌륭한 사업가로 거듭났다. 샘에 의해 아빠가 리모델링이 된다는 발상은 꽤 신선했다. 더불어

무능한 아빠를 유능한 아빠로 만들기 위한 기발한 아이디어와 마케팅 전략은 오늘을 살아가는 '무능한 아빠들'에게 많은 도움이 될 것이다.

이 책의 내용 중에서 가장 관심이 가는 내용은 '부자'에 대한 색다른 시각과 접근 방법이었다. 많은 사람들은 부자를 '돈이 많은 사람'으로 알고 있고 그들이 '돈에 대한 욕심' 때문에 많은 돈을 벌었다고 생각한다. 하지만 《아빠를 팝니다》는 이러한 고정관념을 바꾸고 있다. 그들은 당당한 자유를 얻기 위한 과정, 자신을 인내하고 지혜롭게 만들어 가는 과정에서 부자가 될 수 있다고 말한다. 또한 '작은 성공이 더 큰 성공을 부른다'거나 '자신의 삶을 대신 책임져 줄 사람은 세상 그 어디에도 없다'

라는 지혜는 단순히 부자를 꿈꾸는 사람만이 아니라 사
회생활을 하는 이들이라면 한번쯤은 곱씹어봐야 할 내용
이다.

그런데 혹시 이러고 있는 이 시간에 우리 아이도 나를
볼 때마다 구식이라며 나를 바꾸거나 팔아버리고 싶은
마음을 가지고 있지는 않을까?

진짜 나를 갖다 팔면 얼마짜리가 될까? 아버지들은 한
번 생각해볼 일이다.

무능한 아빠를 부자로 만든
열네 살 샘의 부자 트레이닝

아빠를 팝니다

초판 1쇄 인쇄 2007년 11월 9일
초판 3쇄 발행 2009년 8월 24일

지은이 한스 위르겐 게에제
옮긴이 우상수
펴낸이 이범상
펴낸곳 (주)비전비엔피 · 비전코리아

기획 편집 박창석 박승범 윤수진 박효진
영업 한상철 한승훈
관리 박석형 이미자 박철호
일러스트 이아미
디자인 정정은 강진영

주소 121-865 서울시 마포구 서교동 377-26번지 1층
전화 02)338-2411 | **팩스** 02)338-2413
이메일 ekwjd11@chol.com/visioncorea@naver.com
블로그 http://blog.naver.com/visioncorea

등록번호 제1-3018호

ISBN 978-89-87224-83-1 03320

· 값은 뒤표지에 있습니다.
· 잘못된 책은 구입하신 서점에서 바꿔드립니다.